股权控制顶层设计

老板必学的股权架构设计实战

王登举 ◎ 著

当代中国出版社
Contemporary China Publishing House

图书在版编目（CIP）数据

股权控制顶层设计 / 王登举著. -- 北京：当代中国出版社，2025.2. -- ISBN 978-7-5154-1522-2

Ⅰ. F271.2

中国国家版本馆 CIP 数据核字第 2024A0N123 号

出 版 人	蔡继辉
责任编辑	陈 莎 周显亮
策划支持	华夏智库·张 杰
责任校对	贾云华 康 莹
出版统筹	周海霞
封面设计	回归线视觉传达
出版发行	当代中国出版社
地 址	北京市地安门西大街旌勇里 8 号
网 址	http://www.ddzg.net
邮政编码	100009
编 辑 部	（010）66572180
市 场 部	（010）66572281 66572157
印 刷	香河县宏润印刷有限公司
开 本	710 毫米×1000 毫米 1/16
印 张	14.5 印张 168 千字
版 次	2025 年 2 月第 1 版
印 次	2025 年 2 月第 1 次印刷
定 价	78.00 元

版权所有，翻版必究；如有印装质量问题，请拨打（010）66572159 联系出版部调换。

前 言

在现代企业治理中，股权设计不仅是保证资本分配合理、有效的工具，更是企业控制权和治理结构的基石。特别是在企业顶层设计中，如何科学、合理地构建股权架构，确保企业控制权的稳定与高效，是每个创业者、企业家都必须面对的重要课题。

然而，当下越发复杂的商业环境，让"股权设计"这一课题变得越来越有挑战性。它已经不仅仅是切蛋糕、分蛋糕那么简单。在进行股权设计时，不仅要考虑到把蛋糕分给谁，还要考虑到每个人蛋糕的大小，如何"切"才能保证自己"吃"到最大块蛋糕，又或者是如何"切"才能把蛋糕中最美味的部分（公司控制权）留给自己。更为重要的是，这块蛋糕怎么"切"才能让分到蛋糕的人都满意，从而让公司快速又稳定地发展。

本书以股权战略、持股比例、股权分配、主体架构、控制模式、股权融资、公司章程、协议合同、权利博弈九个关键词为股权设计切入点，告诉创业者、企业家一个科学、合理的股权架构是怎样搭建的。

比如持股比例，拥有67%的股权能拥有多少权利？这对公司发展有什么好处？20%持股比例的权利是什么？不同类型的公司，持股20%是否可以享受到不同的权利？

比如股权分配，为了"感情"和朋友五五分，但为什么最后往往会因此而翻脸，不仅丢了友情，还丢了公司呢？

比如控制模式，为什么有人持股1%也能控制公司？为什么有人是公司第一大股东，却在公司说不上话？

比如协议书中，一行简单的"条款文字"为什么就能让人丢了控制权？

又比如股权融资，为什么钱到手了，控制权却没了？

……

这些，我们都会在书中进行详细的探讨。需要注意的是，不管用什么方法和理念去设计公司股权，只有一条是不变的，那就是抓住控制权才是最顶层的股权架构设计。当然，我们在分享的同时，也希望读者朋友能与我们一起在实践中不断探索和完善股权设计的理念与方法，让股权成为帮助公司发展的有力武器，而不是"争权夺利的工具"。

目 录

第一章　股权战略：公司治理与公司规模扩张的基石

　　公司的设立形式对股权的影响 / 2

　　出资情况决定实际控制权 / 5

　　股权如何帮助公司规避风险 / 9

　　股权制度是稳定公司治理的有力武器 / 12

　　不同股权机制的公司治理模式 / 15

　　用股权驱动公司战略落地 / 18

第二章　持股比例：不同类型公司持股比例相同，权利不同

　　公司控制权与持股比例 / 22

　　股东权利与持股比例 / 28

　　公司行为与持股比例 / 34

　　小股份拥有大权利——1% / 41

第三章　股权分配：在源头上遏制失权风险

　　股权分配的"三要""三不要" / 48

　　股权分给谁，比分多少更重要 / 51

　　根据贡献值分配股权最公平 / 54

针对不同人的需求分配股权 / 57

不同类型的合伙人怎么分配股权 / 60

动态分配机制是保证公司控制权的关键 / 64

第四章　主体架构：构建稳固控制权的股权主体架构

自然人直接持股架构：直接持股目标公司股权 / 70

间接持股股权架构：将股权集中，提升控制力 / 73

金字塔架构：用少量现金流控制公司 / 76

对外直接投资架构：控制境外企业的有效股权结构 / 79

返程投资架构：以外商身份控制境内企业 / 82

第五章　控制模式：小股权也能控制大企业

有限合伙模式：不直接持有股权却能牢牢控制公司 / 88

工会持股模式：持股 1% 也能控制公司 / 91

AB 股模式：1 股投 N 票的超级股权 / 94

优先股模式：既融了资金又保住了控制权 / 99

一致行动人：确保所有股东在决策时采取相同立场 / 104

委托投票权：把其他股东的股权汇集到自己手中 / 111

第六章　股权融资：别融到钱却丢了公司

遵守融资原则，就不会被别人拿走控制权 / 118

提前做好融资规划 / 121

找对投资人，避雷"投资陷阱" / 124

在合理的条件下把公司估值做大 / 127

把握不同阶段的融资关键点 / 130

控制权往往丢失在融资条款里 / 135

第七章　公司章程：掌握控制权的隐形之手

为什么公司章程能决定控制权 / 142

在章程中设置股东权利隔离层 / 147

明确界定"董、监、高"的责权利 / 151

股东会与董事会决议有效性条件设置 / 155

在章程中加上安全阀：股权处置限制条件 / 158

第八章　协议合同：揭秘协议书背后的控制权游戏

股权转让协议：股权转移带来的控制权转移 / 166

股权代持协议：显名股东与隐名股东的股权之争 / 171

股权继承协议："子承父业"背后的控制权变动 / 176

股权回购协议：公司控制权的自我保护机制 / 181

股权赠与协议：如何让渡股权才有效 / 186

第九章　权利博弈：公司控制权的争夺与制衡

掌握董事会席位就是掌握控制权 / 192

遵守股东会决议效力产生条件 / 195

通过管理层收购控制公司 / 200

董事长与公司控制力 / 203

换法定代表人就是换公司控制权 / 206

附录：《中华人民共和国公司法（2023年修订）》20问

1. 公司股东过度支配与控制法人权利怎么办？ / 212

2. 电子化的股东召集、表决程序有效吗？ / 212

3. 未被通知股东可撤销股东会决议吗？/ 212

4. 控股股东损害其他股东利益可以要求公司回购股权吗？/ 213

5. 哪些事项可以是公司章程必须记载的？/ 213

6. 有限责任公司章程中可以规定"同股不同权"吗？/ 214

7. 大股东能否随意缩短出资期限？/ 215

8. 股东分红权能否单独转让？/ 215

9. 股份限售期内，签订的股份转让协议有效吗？/ 215

10. 非货币出资的形式都有哪些？/ 216

11. 股东出资不足需承担哪些责任？/ 216

12. 公司可以不设监事会吗？/ 217

13. 注册资本"五年实缴"，以前未实缴的公司怎么办？/ 218

14. 股东的查阅权都包括哪些？/ 218

15. 董事对股东出资有义务责任吗？/ 219

16. 上市公司控股子公司可以获得上市公司股份吗？/ 220

17. 关联交易限制都包括哪些？/ 220

18. 公司合并还需要经过股东会决议吗？/ 220

19. 股东会一般决议要求多少表决权？/ 221

20. 董事会决议要求多少票数？/ 221

第一章
股权战略：公司治理与公司规模扩张的基石

股权战略是公司治理的基础，决定了公司的所有权分配和控制权配置。一个合理、完善、有长远眼光的股权战略，能让公司在发展壮大的同时还能更加平稳。因此，创业者应该将股权战略作为公司战略规划的核心关键点，并给予充分的重视与谨慎的设计，以此来为公司奠定坚实的发展基础，实现可持续的增长与繁荣。

公司的设立形式对股权的影响

不同设立形式的公司,其在股权结构、转让方式、股东权利、责任限制等诸多方面都存在差异,因此,公司的设立形式对公司的控制权也存在很大的影响,创业者在选择公司设立形式时需根据实际情况进行权衡。

有限责任公司

有限责任公司设立形式对控制权存在以下几个方面的影响:

一是治理机制。股东会是公司最高权力机构,对公司重大事项拥有决策权,因此股东会在公司的决策和治理中占据核心地位,对控制权有着直接影响。

二是股东通过出资获得公司的股份,从而享有相应的权益,权益的大小和分配方式直接影响公司的控制权。在没有其他前提条件下,出资越多占据的股份就越多,获得的控制权也就越多。

三是股东人数上限为50人,股权集中在少数人手中,公司控制权也相对集中。

因此,在设立公司前,创业者需考虑自己的实际情况和需求来选择是否设立有限责任公司。

《中华人民共和国公司法(2023年修订)》对有限责任公司的设立条件作了以下规定:

第四十二条　有限责任公司由一个以上五十个以下股东出资设立。

第四十三条　有限责任公司设立时的股东可以签订设立协议，明确各自在公司设立过程中的权利和义务。

第四十四条　有限责任公司设立时的股东为设立公司从事的民事活动，其法律后果由公司承受。

公司未成立的，其法律后果由公司设立时的股东承受；设立时的股东为二人以上的，享有连带债权，承担连带债务。

设立时的股东为设立公司以自己的名义从事民事活动产生的民事责任，第三人有权选择请求公司或者公司设立时的股东承担。

设立时的股东因履行公司设立职责造成他人损害的，公司或者无过错的股东承担赔偿责任后，可以向有过错的股东追偿。

第四十五条　设立有限责任公司，应当由股东共同制定公司章程。

股份有限公司

以股份有限公司形式设立的公司对控制权有着以下影响：

（1）在无其他条件的情况下，股份有限公司的股权具有等额性，每股代表的权益相同，也就是股份越多，控制权就越稳。

（2）如果股份有限公司已挂牌并上市，其股份可以通过资本市场流通，相对于有限责任公司较为公开透明，掌握公司控制权也多了一种可能性。

（3）股份有限公司的转让可能受相关法律法规的限制，为创业者稳定控制权增加了保障。

在我国，股份有限公司的设立形式主要有两种（见图1-1）。

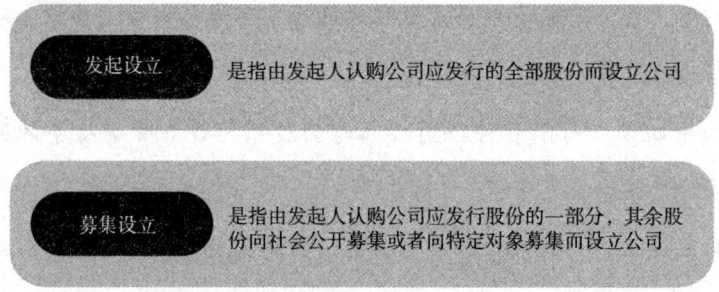

图1-1　股份有限公司的设立形式

"发起设立"方式的股份有限公司，股东控制权一般与其持有的股份比例相对应，持有股份越多，对公司的控制权就越大。同时，成立时股东人数较少，股权结构相对集中，因此公司控制权的归属也更容易确定。

募集设立方式的股份有限公司，因股东人数多，股权较为分散，不仅公司控制权的归属不容易确定，且可能因为存在多个股东有相近比例的情况导致公司控制权更加复杂和多元化。

《中华人民共和国公司法（2023年修订）》对股份有限公司的设立作了如下规定：

第九十二条　设立股份有限公司，应当有一人以上二百人以下为发起人，其中应当有半数以上的发起人在中华人民共和国境内有住所。

第九十三条　股份有限公司发起人承担公司筹办事务。

发起人应当签订发起人协议，明确各自在公司设立过程中的权利和义务。

第九十四条　设立股份有限公司，应当由发起人共同制订公司章程。

一人有限责任公司形式

一人有限责任公司形式，是指全部股权由一个人或一个机构持有。一人公司的优势是便于股权集中管理，决策效率高，没有控制权失权风险；劣势是因股权过于集中，导致公司治理结构不健全，缺乏有效的监督与制衡，公司的运营全靠一人承担，一旦股东出现问题，则直接影响到公司的正常运营。同时，一人有限责任公司并不适合有大规模发展目标的创业者。

《中华人民共和国公司法（2023 年修订）》对一人有限责任公司的股东作了如下规定：

第二十三条第三款　只有一个股东的公司，股东不能证明公司财产独立于股东自己的财产的，应当对公司债务承担连带责任。

第六十条　只有一个股东的有限责任公司不设股东会。股东作出前条第一款所列事项的决定时，应当采用书面形式，并由股东签名或者盖章后置备于公司。

出资情况决定实际控制权

出资是股东对公司的基本义务，也是股东享有股东资格、行使股东权利、承担股东义务的基础。为保护公司及股东的合法权益，维护社会经济秩序，我国对股东出资行为进行了严格规定，如果不符合相关规定，则可能丧失股东资格，而股东资格的丧失也代表了公司控制权的丢失。

出资期限对股东资格的影响

叶某、林某两人 2018 年 12 月共同出资设立了有限责任形式的钢铁公司，叶某应于 2024 年 1 月 15 日之前分别缴纳 300 万元、300 万元、200 万元。后经审计发现，叶某抽逃第一期出资，第二期出资的资金为公司的废钢收入，第三期在到期前并未缴纳。因此，林某将叶某告上法庭，认为其侵害了公司的合法权益，诉讼请求废除叶某股东资格身份。

该案争议的焦点在于叶某作为公司股东抽逃出资，是否可以废除股东资格？在叶某未全额缴纳出资的情况下，是否能以公司的收入作为其个人出资？是否认定叶某履行了出资义务？如未履行，是否可以废除叶某股东资格？

依照《中华人民共和国公司法（2023年修订）》规定：

第四十七条　有限责任公司的注册资本为在公司登记机关登记的全体股东认缴的出资额。全体股东认缴的出资额由股东按照公司章程的规定自公司成立之日起五年内缴足。

第四十九条　股东应当按期足额缴纳公司章程规定的各自所认缴的出资额。

股东未按期足额缴纳出资的，除应当向公司足额缴纳外，还应当对给公司造成的损失承担赔偿责任。

第五十一条　有限责任公司成立后，董事会应当对股东的出资情况进行核查，发现股东未按期足额缴纳公司章程规定的出资的，应当由公司向该股东发出书面催缴书，催缴出资。

未及时履行前款规定的义务，给公司造成损失的，负有责任的董事应当承担赔偿责任。

第五十二条　股东未按照公司章程规定的出资日期缴纳出资，公司依照前条第一款规定发出书面催缴书催缴出资的，可以载明缴纳出资的宽限期；宽限期自公司发出催缴书之日起，不得少于六十日。宽限期届满，股东仍未履行出资义务的，公司经董事会决议可以向该股东发出失权通知，通知应当以书面形式发出。自通知发出之日起，该股东丧失其未缴纳出资的股权。

依照前款规定丧失的股权应当依法转让，或者相应减少注册资本并注销该股权；六个月内未转让或者注销的，由公司其他股东按照其出资比例足额缴纳相应出资。

股东对失权有异议的，应当自接到失权通知之日起三十日内，向人民法院提起诉讼。

第五十三条　公司成立后，股东不得抽逃出资。

违反前款规定的，股东应当返还抽逃的出资；给公司造成损失的，负有责任的董事、监事、高级管理人员应当与该股东承担连带赔偿责任。

根据以上规定，叶某未在5年内缴足出资额，以公司收入充当出资额，未履行实际出资的情况，应剥夺其股东身份。如股东身份未剥夺，需返回抽逃出资，并赔偿相应损失。林某如能按照叶某出资比例足额缴纳，则可以获得叶某之前拥有的股权。

非货币财产出资对股东资格的影响

在公司设立出资时，除了货币外，也可以用非货币财产出资的方式，这种方式更为灵活，也更能满足公司经营的需要。比如有些股东通过技术、土地、公司所需的其他资源作为出资。但是，因为没有明确规定非货币财产出资的相关标准及程序，因此产生的股权纠纷案例不在少数。

非货币财产出资存在以下三个问题，都可能引发股东资格瑕疵（见图1-2）。

- 未对出资的非货币财产进行价值评估
- 不享有用于出资的非货币财产处分权
- 非货币财产出资未实际、完全到位

图1-2　非货币财产出资引发股东资格瑕疵的情况

针对图 1-2 的三个出资瑕疵问题，第一条未对出资的非货币财产进行价值评估，因为非货币财产价值不确定，会让公司或其他股东认为该出资人未完全履行出资义务；第第二条不享有用于出资的非货币处财产处分权，一旦该财产的权利人请求财产处分权，则会引起该出资被认定无效的风险；第三条非货币财产出资未实际、完全到位，与实际出资一样，都需要进行补缴。

《中华人民共和国公司法（2023 年修订）》对非货币财产出资作了以下规定：

第四十八条　股东可以用货币出资，也可以用实物、知识产权、土地使用权、股权、债权等可以用货币估价并可以依法转让的非货币财产作价出资；但是，法律、行政法规规定不得作为出资的财产除外。

对作为出资的非货币财产应当评估作价，核实财产，不得高估或者低估作价。法律、行政法规对评估作价有规定的，从其规定。

第四十九条第二款　以非货币财产出资的，应当依法办理其财产权的转移手续。

第五十条　有限责任公司设立时，股东未按照公司章程规定实际缴纳出资，或者实际出资的非货币财产的实际价额显著低于所认缴的出资额的，设立时的其他股东与该股东在出资不足的范围内承担连带责任。

股份有限公司的发起人出资

对于以股份有限公司形式设立的发起人出资，《中华人民共和国公司法（2023 年修订）》作出了以下规定：

第九十七条　以发起设立方式设立股份有限公司的，发起人应当认足公司章程规定的公司设立时应发行的股份。

以募集设立方式设立股份有限公司的，发起人认购的股份不得少于公司章程规定的公司设立时应发行股份总数的百分之三十五；但是，法律、行政法规另有规定的，从其规定。

第九十八条　发起人应当在公司成立前按照其认购的股份全额缴纳股款。

发起人的出资，适用本法第四十八条、第四十九条第二款关于有限责任公司股东出资的规定。

第九十九条　发起人不按照其认购的股份缴纳股款，或者作为出资的非货币财产的实际价额显著低于所认购的股份的，其他发起人与该发起人在出资不足的范围内承担连带责任。

第一百条　发起人向社会公开募集股份，应当公告招股说明书，并制作认股书。认股书应当载明本法第一百五十四条第二款、第三款所列事项，由认股人填写认购的股份数、金额、住所，并签名或者盖章。认股人应当按照所认购股份足额缴纳股款。

第一百零一条　向社会公开募集股份的股款缴足后，应当经依法设立的验资机构验资并出具证明。

股权如何帮助公司规避风险

股权是股东基于其股东资格而享有的获取公司经营利润，参与公司经营管理、承担公司责任的一种权利，是公司治理结构的核心。将股权设计好，可以帮助公司规避多种风险，同时，对公司的持续经营与发展壮大更具有重要意义。

降低成本投入风险

创业是一项高风险的行为,在获得高收入的同时,也可能让自己陷入破产甚至背负巨额债务的境地。所以,通过分股的形式找合伙人,无疑可以有效降低这种风险。分股合伙可以让成本投入不再完全依赖于单一创业者,而是由多个合伙人共同分担。如此,每个合伙人的资金压力相对较轻,公司的资金流动性也能得到保障。

降低公司融资风险

公司的资金除了创业者的投入,还需要对外融资。传统商业时代,公司的融资渠道一般是通过银行贷款、他人借款。银行借款门槛高,有诸多条件和限制;其他借款渠道,要么用人情,要么用抵押,要么利息高。而且一旦企业经营不善,无力还款,更会引发一系列的恶性后果。而用股权引进的资金,如果企业是在正常情况下亏损甚至破产,那么他们作为股东也会承担相应的责任,创业者无须担心其他恶性结果。

降低公司决策风险

公司经营最大的风险就是决策风险,决策风险给公司带来的风险是巨大的。而每个人的能力、眼光、思维、见识等都是有限的,只有一个人的公司其做决策的风险远大于一个团队做决策的风险。虽然决策时会遇上各种不同意见,但这种争论有利于看到事物的本质,有效降低一个人在冲动之下或思考不周的情况下做决策的风险。所以,股权引入各方合伙人,让合伙人团队共同做决策,是降低公司决策风险的有效手段。在一个由多个合伙人组成的团队中,每个合伙人都有自己独特的视角、经验和专长,他们能够从不同角度审视决策、思考决策的构成因素、判断决策的回报与风险比例，所做出的决策具有多元化的思路和方案。

降低公司人员风险

将股权用于激励，可以把管理层、核心员工甚至全体员工的利益与公司的利益绑定到一起，激励员工更加积极地创造价值，避免员工因为个人利益而损害公司利益。当然，股权激励机制的设计需要精心规划，才能达到预期效果。比如激励对象的选择、激励额度与条件的设立、激励计划实施过程与监督管理约束，都需要合理设计。同时也要避免过度激励，否则会导致员工过度关注股价波动，而忽视公司的基本面。

降低公司资源短缺风险

股权，除了可以引进资金型的投资者，还能引进公司所需资源的战略投资者。这类投资者往往在行业内有深厚的背景与资源，不仅能提供资金，还能提供市场、技术、管理经验等多方面的资源。这类资源有时候比资金还重要，尤其是公司面临资源短缺时，他们的加入能够为公司带来及时的帮助。就像公司有一款非常好的产品，但是"酒香也怕巷子深"，没有市场渠道及营销推广资源，产品再好也很难在短时间内打开知名度。

股权设计之所以能在新商业时代成为主流，就是因为有其独特的价值存在。所以，不要害怕股权的流失会影响自己对公司控制权的把握，只要股权设计得合理，就能够让分出去的股权给自己带来更多的价值。

股权制度是稳定公司治理的有力武器

股权设计是公司治理的顶层制度设计，若股东制度不完善，引发股东纠纷，即使再好的产品、技术与运营，都会因公司内部纠纷而功亏一篑。有些人认为，治理公司就要先制定好相关的规章制度，此后出现问题再做具体调整。其实不然，在公司发展过程中出现的问题，基本都能追溯到股权设计的不合理之处。

例如，某知名餐饮品牌的创始人潘宇海与蔡达标异常惨烈的股权之争。1994年，潘宇海、蔡达标、潘敏峰三人创立了一家甜品店，后更名为真××。其股权结构为潘宇海占50%，蔡达标、潘敏峰夫妻二人占50%。这种平均式的股权分配为日后的股权之争埋下了巨大隐患，让本来共患难、共创业的亲朋加好友，最后反目成仇，甚至蔡达标锒铛入狱。虽然最终潘宇海掌管了公司，但此时的公司因内斗导致融资不畅、上市遇挫，不仅估值缩水，也影响了品牌的后续发展。就这样，曾经一度被誉为第一中式快餐的品牌，在经历股权之争后折翼，被其他餐饮品牌后来居上。

可见，股权设计不合理，会给公司发展带来巨大的阻碍，甚至令公司倒闭。

股东权利与公司治理

股东权利与公司治理效果之间有着密切的关系。股东权利收益权的保障能有效提升股东参与公司治理的积极性，增强其对公司的信任度。股东通过行使投票权、提案权、监督权，能够影响公司的决策及治理结构。这些权利的正确行使，不仅能提高公司的决策效率与执行力，还能对管理层进行监督，防止内部人独揽大权、利益输送等问题的发生。股东拥有的知情权有助于提高公司的透明度和信息披露质量，减少信息不对称问题的发生，提高投资者对公司的信心。

《中华人民共和国公司法（2023年修订）》规定：

第六十五条　股东会会议由股东按照出资比例行使表决权；但是，公司章程另有规定的除外。

第五十七条　股东有权查阅、复制公司章程、股东名册、股东会会议记录、董事会会议决议、监事会会议决议和财务会计报告。

股东可以要求查阅公司会计账簿、会计凭证。股东要求查阅公司会计账簿、会计凭证的，应当向公司提出书面请求，说明目的。公司有合理根据认为股东查阅会计账簿、会计凭证有不正当目的，可能损害公司合法利益的，可以拒绝提供查阅，并应当自股东提出书面请求之日起十五日内书面答复股东并说明理由。公司拒绝提供查阅的，股东可以向人民法院提起诉讼。

第一百一十条　股东有权查阅、复制公司章程、股东名册、股东会会议记录、董事会会议决议、监事会会议决议、财务会计报告，对公司的经营提出建议或者质询。

连续一百八十日以上单独或者合计持有公司百分之三以上股份的股东要求查阅公司的会计账簿、会计凭证的，适用本法第五十七条第二款、第三款、第四款的规定。公司章程对持股比例有较低规定的，从其规定。

股东要求查阅、复制公司全资子公司相关材料的，适用前两款的规定。

第一百一十六条　股东出席股东会会议，所持每一股份有一表决权，类别股股东除外。公司持有的本公司股份没有表决权。

股权制衡与公司治理

股权既然赋予了股东相应的权利，那么同样就需要有一套完善的股权制衡机制，如此才能保证公司治理的稳定性。股权制衡机制的设置是通过调整股东之前的权利分布，使其达到平衡利益、优化决策、提升公司价值的目的。实况中，因为大股东滥用股权，造成公司利益受损的案例并不在少数。因为大股东权力过于集中，其决策与行为可能偏离公司整体利益，损害中小股东利益，所以需要通过股权制衡机制引入多个大股东，形成互相牵制、互相监督的局面，或者是设置配套机制，减少大股东权利，比如一致行动人协议、AB股权架构设置等。

关于如何实现股权制衡，避免大股东滥用权利，《中华人民共和国公司法（2023年修订）》也给予了明确规定。

第二十一条　公司股东应当遵守法律、行政法规和公司章程，依法行使股东权利，不得滥用股东权利损害公司或者其他股东的利益。

公司股东滥用股东权利给公司或者其他股东造成损失的，应当承担赔偿责任。

第二十二条　公司的控股股东、实际控制人、董事、监事、高级管理人员不得利用关联关系损害公司利益。

违反前款规定，给公司造成损失的，应当承担赔偿责任。

第二十三条　公司股东滥用公司法人独立地位和股东有限责任，逃避债务，严重损害公司债权人利益的，应当对公司债务承担连带责任。

股东利用其控制的两个以上公司实施前款规定行为的，各公司应当对任一公司的债务承担连带责任。

第一章　股权战略：公司治理与公司规模扩张的基石

不同股权机制的公司治理模式

股权机制作为现代公司治理的基石，其结构、分配和运作方式对公司治理模式都会产生极大的影响。不同的股权机制导致公司不同的治理模式。分析当下市场上的股权机制特点，其主要可以分为两大类：一类是股权集中式的公司治理，另一类是股权分散式的公司治理。

《中华人民共和国公司法（2023年修订）》第二百六十五条规定："控股股东，是指其出资额占有限责任公司资本总额超过百分之五十或者其持有的股份占股份有限公司股本总额超过百分之五十的股东；出资额或者持有股份的比例虽然低于百分之五十，但依其出资额或者持有的股份所享有的表决权已足以对股东会的决议产生重大影响的股东。"

股权集中式的公司治理

股权集中式的公司治理模式主要指公司的大部分股权都集中在一个股东身上，对公司拥有绝对的控制权，一般持股比例或投票权达到50%以上。这种情况下，该公司治理模式主要是由该控股股东为主导，掌握公司绝对控制权或经营决策权，股东会及董事会难以发挥优势作用，中小股东意志难以体现。

老干妈就是较为典型的集中型股权架构，创业初期，陶华碧全资出资成立"贵阳南明老干妈风味食品有限责任公司"，持有公司100%股权，是公司的绝对控制者；后因公司发展需要，陶华碧分出49%的股权给儿子。2012年开始,陶华碧退居二线,将股权放手给两个儿子,大儿子李贵山49%,小儿子李妙行50%,陶华碧自己占股1%。2012年,老干妈再次调整股权架构,陶华碧彻底退出,李贵山持有49%股权,李妙行持有51%股权。在公司治理上,陶华碧担任董事长,李贵山担任监事。可见,不管股权如何调整,老干妈的控股权都在陶华碧一家身上。

任何事物都是一体两面甚至多面的,股权集中式的公司治理模式也是如此。该模式在公司治理方面,优势是股东意志较为集中、利益趋同,使得公司决策效率和运营效率都得到提高;劣势是因公司决策主要取决于控股股东,致使管理层能力优势可能受到约束,公司治理高度依赖控股股东的能力与选择。同时,大股东可能会因为自己的利益而影响中小股东的利益。

因此,如果公司采取集中式的股权机制,其治理机制就应设计相应的约束措施,主要方法如下(见图1-3):

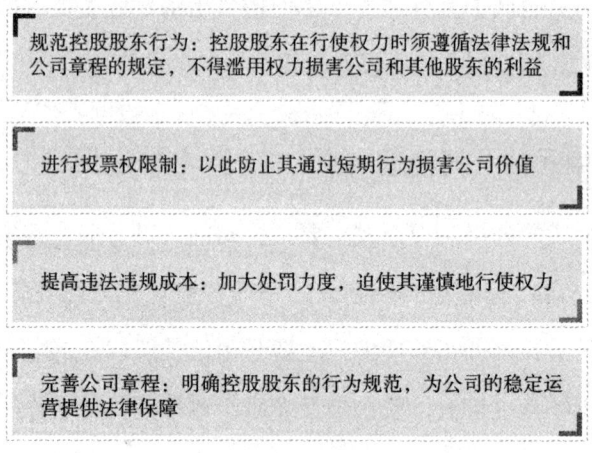

图1-3 股权集中式公司治理的四大约束方法

股权分散式的公司治理

分散式股权,是指第一大股东持股比例低于15%,股东会、董事会等权力机构的效力较大,其投票决策更能体现大多数股东的倾向,公司所有权与控制权相对分离。公司治理不再单靠某个股东的能力,而是依靠集体智慧。

2015年,万科与宝能的股权争夺战引发关注。在这一过程中,万科集团董事长王石险些失去对万科的控制权,究其原因,就是万科集团的股权过于分散,给了"门口野蛮人""入侵"的机会。2015年"宝万之争"时,万科的大股东华润仅持有14.89%的股份,宝能系通过三次举牌,对万科的持股比例从5%一路上升到10%,2015年8月26日更是上升到15.04%,超越华润成为万科的第一大股东。至此,"宝万之争"打响。

股权分散式的公司治理,其优势在于不会出现大股东绝对控制公司,致使影响中小股东利益的情况;设立的股东会、董事会、监事会等机构呈三角形稳定形态,在一定程度上可以降低股东利益受损的风险(见图1-4)。

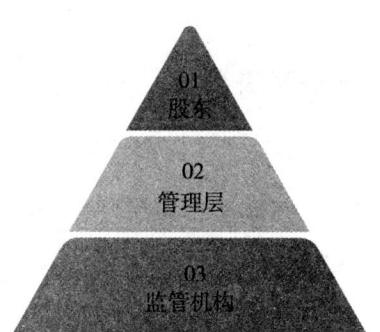

图1-4 公司治理的三角形稳定形态

其劣势在于公司在二级市场的流通股份比例较大,可能会引来"门口野蛮人"争夺公司控制权,影响公司稳定性;管理层的水平决定了公司治理水平,但因管理层掌握的信息更加全面和及时,使得其自由度和话语权也相对较高,最终可能会出现管理层为满足自身利益而损害股东利益的情况。

所以，分散式股权的公司治理重点应在约束管理层的私人行为上，对此，可通过强化董事会的监督效力、建立有效的辞退机制和制定完善的股权激励制度等方式实现。

用股权驱动公司战略落地

股权不仅与公司治理、融资与扩张息息相关，在公司战略落地中更有着不可替代的作用。首先，通过合理的股权设计，可以激发公司内外部利益相关者的积极性，共同推动公司战略目标的实现。其次，通过合理的股权安排，可以吸引并留住有共同愿景与价值观的股东及核心骨干人才，形成稳定的战略同盟。最后，股权还能有助于公司构建良好的外部战略合作关系，从而获得更多资源，为战略落地提供有力支持。

股权结构影响企业战略决策

股权结构是指股份公司总股本中不同性质的股份所占有的比例及其形成的关系，企业战略则是企业为实现长期发展而作出的带有全局性与长远性的谋划。因此，股权结构的构成因素会对企业战略形成决策方面的影响。在无其他条件下，公司的战略决策是股东通过所持有的股权比例来决定的。如果某个股东持有股权比例较大，当公司利益与其利益不符时，那么其很有可能直接一票否决公司制定的发展战略，而并不关心这个战略对公司长远的发展是否有益。股权较为分散的企业，如果各方股东意见不一致，则会导致无法快速决策，影响企业战略落地；反之，在股权集中的情况下，大股东的决策往往能够迅速得到执行，有助于加快战略落地的速度。

A公司是一家专注于研发和生产智能家居产品的科技公司。成立初期，公司创始人因出资较多且拥有核心技术，掌握了公司67%的股权，这使得该公司的股权结构相对集中。这种集中式的股权有利有弊，但对于发展初期的公司而言，其利远大于弊，因为集中式的股权能够使公司决策迅速达成共识，有效应对市场变化。

例如，在公司创立不久，正值国家推出一系列政策推动智能家居产品的发展，给市场带来巨大的发展机遇。公司创始人看到这一点后，迅速在公司会议上拍板，决定加大研发投入及营销成本。几个月后，公司成功推出了一系列性能卓越的智能家居产品，率先在市场上站稳了脚跟，成为该市场的领头品牌之一。而该公司之所以能迅速做出决策，抓住市场机遇，除了创始人的眼光精准外，更重要的原因就是其掌握着公司67%的股权，对公司有绝对的控制权。

股东类型与企业战略定位

企业战略定位是指在市场竞争中，公司根据自身的资源、能力与市场需求，确定自己的发展方向。然而，公司在制定战略定位时，会受到股东类型的影响。股权架构中不同类型的股东对企业的发展有不同的要求与期望。可以说，哪个类型的股东越多，企业战略定位就越偏向哪类股东的要求与期望。

如国有类股东，他们更关注企业的长期发展与社会责任；私人类股东则更关注企业的盈利与市场竞争力，追求经济利益最大化；技术类股东，关注企业的研发能力与产品竞争力，希望公司的发展是以技术为核心；资金类股东，则关注企业的风险管理与投资回报，公司的战略定位在追求利润最大化的同时，也要加强风险管理。

一般情况下，股东构成的类型越多越好，这样可以为企业带来丰富的资源与发展视角，让企业有更大的发展空间。

某新能源汽车公司成立于2017年，一直致力于新能源汽车的研发和生产。随着全球对环保及可持续发展的日益重视，新能源汽车的市场发展潜力也在逐步加大，其竞争变得愈加激烈。而该企业凭借着独特的构成背景推动其战略定位的优化，在市场上取得了不小的成绩。该企业的股东类型构成呈现多元化的特点，包括了产业资本、金融资本、科研机构。这种多元化的股东结构为企业带来了丰富的资源与优势。产业型股东的加入，使企业能更好地了解行业趋势与市场需求，制定更符合市场要求的发展战略；金融型股东给了企业稳定的资金支持，使其在研发与市场推广方面都得到有力保障；科研机构则为企业带来了更先进的技术与理念，使该企业的新能源汽车一直处于技术领先状态。

第二章
持股比例：不同类型公司持股比例相同，权利不同

在公司的股权结构中，持股比例是衡量股东权益和影响力的重要指标。所以，对于创始人来说，股权比例越大越好，如此才能保障自己对公司的控制权。然而，单独股东持有大比例股权是不利于公司发展的，因此创始人必须对股权比例的各个权益有深入的了解，如此才能在用股权为公司谋得更多发展的同时，让自己的控制权不受影响。

公司控制权与持股比例

在无特殊约定情况下,一份股权就代表着一份控制权。因此,作为创始人,想保证自己能控制一手创立的公司,那么在公司创立之前,就要对影响公司控制权的持股比例有深入的了解。总的来说,对公司控制权能产生较大影响的持股比例线有:67%、51%、34%、30%、20%、5%。此外,还需要注意的是,不同形式的公司,即使持股比例相同,股东所拥有的权利也并不相同。

67%:对公司重大事项具有决定性投票权

创始人如果想要与人合伙创业,那么就必须分给他人股权。而在分配股权时,创始人为了保证自己的绝对控制权,其持股比例就不能小于67%。

67%是公司控制权的第一大生命线,对公司拥有绝对的控制权,可一票通过公司的重大事项。67%持股线的具体权利如图2-1所示。

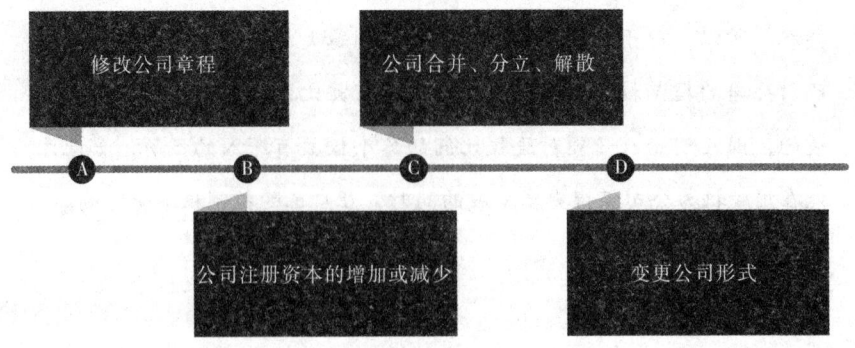

图2-1　67%持股线的具体权利

第二章 持股比例：不同类型公司持股比例相同，权利不同

根据《中华人民共和国公司法（2023年修订）》规定：

第六十六条第三款 股东会作出修改公司章程、增加或者减少注册资本的决议，以及公司合并、分立、解散或者变更公司形式的决议，应当经代表三分之二以上表决权的股东通过。（有限责任公司）

第一百一十六条 股东出席股东会会议，所持每一股份有一表决权，类别股股东除外。公司持有的本公司股份没有表决权。

股东会作出决议，应当经出席会议的股东所持表决权过半数通过。

股东会作出修改公司章程、增加或者减少注册资本的决议，以及公司合并、分立、解散或者变更公司形式的决议，应当经出席会议的股东所持表决权的三分之二以上通过。（股份有限公司）

小王与小赵共同成立了一家科技公司，两人分别持股60%与40%。因小林持股较多且在公司发展中起到关键作用，担任了CEO职务。为了扩大规模，两人决定以20%的股权引进外部投资者，两人的股权也分别被稀释到了48%及32%。在后期的发展中，小王与小赵的分歧越来越大。小叶因此联合外部投资者，共同发起了一次股东投票活动，罢免了小王的CEO职务，并任命小赵为公司新任CEO。小赵与外部投资者的持股比例合计有52%，超过了小王的48%，小王最终被踢出了公司，失去了对公司的控制权。

所以，创始人如果持股比例不足67%，在后期因公司发展引进外部投资者，如果没有其他防护措施，就很可能会失去对公司的控制权。

需要注意的是，67%的持股比例线对任何形式的公司都适用。

51%：拥有公司日常决策的多数投票权

在一家公司中，掌握51%的股权意味着拥有公司日常决策的多数投票

权，这对于创业者稳定公司运营和发展战略有重要的影响。持有51%的股权意味着可以在股东大会上占据相对优势，在面临公司决策分歧时，仍可按照自身意愿推进日常经营。最为关键的是，拥有51%的股权，可有效防止其他股东通过收购股份来夺取公司控制权，避免了敌意收购风险的发生。

总的来说，51%属于相对持股控制线，对公司拥有相对控制权。

《中华人民共和国公司法（2023年修订）》对股东会的职权作了以下规定：

第五十九条　股东会行使下列职权：

（一）选举和更换董事、监事，决定有关董事、监事的报酬事项；

（二）审议批准董事会的报告；

（三）审议批准监事会的报告；

（四）审议批准公司的利润分配方案和弥补亏损方案；

（五）对公司增加或者减少注册资本作出决议；

（六）对发行公司债券作出决议；

（七）对公司合并、分立、解散、清算或者变更公司形式作出决议；

（八）修改公司章程；

（九）公司章程规定的其他职权。

股东会可以授权董事会对发行公司债券作出决议。

对本条第一款所列事项股东以书面形式一致表示同意的，可以不召开股东会会议，直接作出决定，并由全体股东在决定文件上签名或者盖章。

第六十六条第二款　股东会作出决议，应当经代表过半数表决权的股东通过。

以上条款，适用于有限责任公司及股份有限公司。

也就是说，如果一个股东拥有超过 50% 的持股权，那么就可以决定股东会作出的决议。

34%：对公司重大决策具有一票否决权

34% 称为安全控制线，也称否决权控股线。在公司股权结构中，持有 34% 股权的股东拥有对公司重大决策的一票否决权。也就是说，任何重大事项都需要持有 34% 股权的股东的支持。这种权利除了能够在关键时刻对公司的发展方向产生决定性影响，还能在一定程度上保护该股东的权益不受损害，确保公司决策符合自己的长期利益。

总而言之，34% 控股权的主要权利就是，对公司重大事项拥有一票否决权。《中华人民共和国公司法（2023 年修订）》第六十六条第三款规定："股东会作出修改公司章程、增加或者减少注册资本的决议，以及公司合并、分立、解散或者变更公司形式的决议，应当经代表三分之二以上表决权的股东通过。"（有限责任公司与股份有限公司同样适用）

此处的 2/3 指的是 100% 股权的 2/3，也就是说，33.3%、33.34% 的持股比例都可作为"安全控制权"，不一定非要达到 34%。

小李、小陈、小刘、小徐四人是一家科技公司的创始人，分别持有 34%、26%、20%、20% 的股份。因小李拥有公司 34% 的股份，所以公司的重大事项其他三人都会选择寻求小李的支持。也就是说，小李实际上才是公司的控制者。然而，随着公司的发展，四人的分歧越来越大。小陈和小刘认为公司应该更加注重产品创新，小徐则主张加大影响力度来扩大市场份额。小徐知道，如果没有小李的支持，自己的决策将得不到公司采纳，于是，努力争取小李的支持。此时的小李就成了关键性的一票。小李经过分析认为，此时的公司产品虽然好，但知名度不够，需要扩大知名度，于是支持了小徐的决定，最终小徐的意见在公司决策中占据了上风。

30%：认定新三板及上市公司实际控制人的标准

实际控制人的认定在新三板及上市公司的运营管理中，一直是一个重要的环节，它直接关系到公司的决策效率、治理结构与股东权益。因此，相关法律法规对实际控制人的认定标准都有明确规定，一般情况下，30%的持股人是新三板及上市公司实际控制人的标准。

为什么说 30% 股权是实际控制人的认定标准？《上市公司收购管理办法》第八十四条规定："有下列情形之一的，为拥有上市公司控制权：（1）投资者为上市公司持股 50% 以上的控股股东；（2）投资者可以实际支配上市公司股份表决权超过 30%；（3）投资者通过实际支配上市公司股份表决权能够决定公司董事会半数以上成员选任；（4）投资者依其可实际支配的上市公司股份表决权足以对公司股东大会的决议产生重大影响；（5）中国证监会认定的其他情形。"

但需要注意，这是在一份股一份表决权的情况下，如果不是，即使股东不直接拥有 30% 的股权，或不是公司的直接股东，如果通过表决权征集、股权托管、一致行动人协议等方式对公司实际控制的表决权达到30%，也能被认定为公司实际控制人。

《中华人民共和国公司法（2023 年修订）》第二百五十六条第三款规定："实际控制人，是指通过投资关系、协议或者其他安排，能够实际支配公司行为的人。"

《全国中小企业股份转让系统挂牌公司信息披露细则》第四十八条规定："实际控制人是指通过投资关系、协议或者其他安排，能够支配、实际支配公司行为的自然人、法人或者其他组织。"

对于上市公司情况，实际控制人的认定标准与新三板公司类似。

20%：能对有限公司产生重大影响

股权的分配与公司控制权的大小息息相关，当某个股东持有一家有限公司20%的股权时，就代表了他在这家公司已经有了一定程度的话语权，能对公司决策产生重大影响。因此，20%的股权比例通常被称为重大影响线。需要注意的是，对重大影响线的判断，并不只是包括20%的持股比例，还包括直接或间接持有的对有限公司的20%以上的表决权。

什么是重大影响？

《企业会计准则第2号——长期股权投资》规定，重大影响是指对一个企业的财务和经营政策有参与决策的权力，但并不能够控制或者与其他方一起共同控制这些政策的制定。投资企业能够对被投资单位施加重大影响的，被投资单位为其联营企业。

为什么判定20%是重大影响？

《企业会计准则第2号——长期股权投资》规定：投资方直接或通过子公司间接持有被投资单位20%以上但低于50%的表决权时，一般认为对被投资单位具有重大影响，除非有明确的证据表明该种情况下不能参与被投资单位的生产经营决策，不形成重大影响。

股东权利与持股比例

10%：可申请非公众公司及有限公司解散

持有10%的股权，虽然在很多情况下不能控制整个公司，但却有一项能对公司"生死"有极大影响的权利——申请非公众公司及有限公司解散。当公司经营陷入困境，或是大股东、管理层滥用权力，损害小股东利益时，持有10%股份的股东可以通过申请解散非公众公司及有限公司，来维护自身及中小股东的利益。

《中华人民共和国公司法（2023年修订）》第二百三十一条规定："公司经营管理发生严重困难，继续存续会使股东利益受到重大损失，通过其他途径不能解决的，持有公司百分之十以上表决权的股东，可以请求人民法院解散公司。"

例如常熟某实业有限公司就遭遇了股东解散公司的事件。

其股东林某琴因公司经营管理发生严重困难，且无法通过其他途径打破这种僵局，使其权益遭受重大损害，故请求解散公司。

对此，被告公司辩称："公司及其下属分公司运营状态良好，不符合公司解散的条件，公司创始人戴某明与林某琴的矛盾有其他解决途径，不应通过司法程序强制解散公司。"

林某琴所在公司成立于2012年1月，其与公司另一名成员戴某明是公司股东，其中林某琴持股10%，戴某明持股51%，剩余为其他股东持有。2016年起,林某琴与戴某明两人矛盾逐渐显现,同年5月,林某琴提议并召开股东会,但戴某明以对方无此权利为由,拒绝召开股东大会。林某琴提出的其他诉求,戴某明也未回复应答。直至2020年提起上诉,股东大会也未顺利召开。

为此法院最终裁判:依法解散常熟某实业有限公司。

10%:可召集非公众公司的股东会

相对于上市公司,非公众公司股权结构相对封闭,股东人数也相对较少,这种特质使其公司治理较为简单,更注重股东之间的协商与合作,而非完全依赖市场机制的调节。但为避免大股东滥用权利,损害中小股东权益,以及确保公司的决策能够体现广大股东的意志,《中华人民共和国公司法(2023年修订)》规定了持有10%股权的股东具备召集股东大会的资格。这一比例的设置,除了考虑到对股东权益的保护外,还起到了三个方面的作用,如图2-2所示。

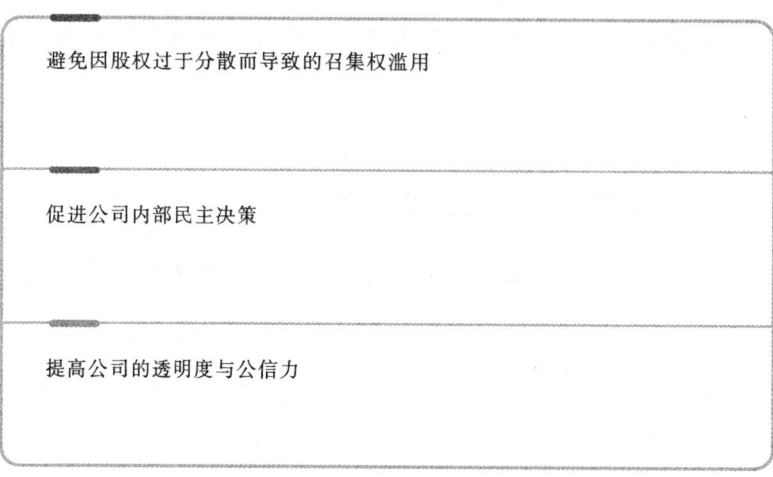

图2-2 10%股权设置的三大作用

《中华人民共和国公司法（2023年修订）》第六十二条第二款 定期会议应当按照公司章程的规定按时召开。代表十分之一以上表决权的股东、三分之一以上的董事或者监事会提议召开临时会议的，应当召开临时会议。

第六十三条第二款 董事会不能履行或者不履行召集股东会会议职责的，由监事会召集和主持；监事会不召集和主持的，代表十分之一以上表决权的股东可以自行召集和主持。

第一百一十三条 有单独或者合计持有公司百分之十以上股份的股东请求时，应当在两个月内召开临时股东大会。

第一百一十四条第二、三款 董事会不能履行或者不履行召集股东会会议职责的，监事会应当及时召集和主持；监事会不召集和主持的，连续九十日以上单独或者合计持有公司百分之十以上股份的股东可以自行召集和主持。

单独或者合计持有公司百分之十以上股份的股东请求召开临时股东会会议的，董事会、监事会应当在收到请求之日起十日内作出是否召开临时股东会会议的决定，并书面答复股东。

3%：向上市公司股东大会提交提案

大股东虽然占据了大部分的决策权，但这并不意味着小股东的权益能够被忽视。为了保证小股东的权益，相关法规赋予3%持股者向上市公司股东大会提交提案的权利，就公司的经营管理、发展战略等事项发表自己的意见。

提案权对公司治理的积极影响主要体现在三个方面，如图2-3所示。

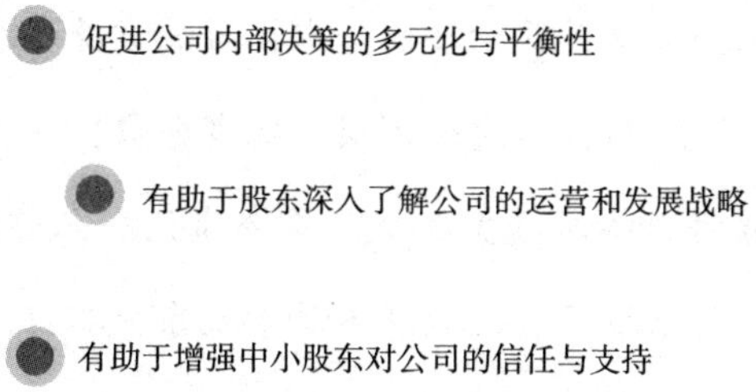

- 促进公司内部决策的多元化与平衡性

- 有助于股东深入了解公司的运营和发展战略

- 有助于增强中小股东对公司的信任与支持

图2-3 提案权对公司治理的三大积极影响

《上市公司章程指引》第五十三条规定：公司召开股东大会，董事会、监事会以及单独或者合并持有公司3%以上股份的股东，有权向公司提出提案。单独或者合计持有公司3%以上股份的股东，可以在股东大会召开10日前提出临时提案并书面提交召集人。召集人应当在收到提案后2日内发出股东大会补充通知，公告临时提案的内容。

2023年11月11日，北京某上市公司收到了其股东张某的临时提案，提案的要求是罢免公司的一名监事林某，并提名新的监事人选。张某持有公司3.5%的股权，符合公司章程以及相关法律法规规定的行使临时提案权的条件。

该公司董事会在初步审议后决定拒绝提交股东大会审议。张某则认为，根据《上市公司章程指引》要求，董事会作为股东大会召集人，对于股东提出的合法提案应提交股东大会进行审议，不能拒绝提交。

之后，该公司董事会按要求在股东大会前通知并公告了该提案。张某在股东大会上阐述了提案的理由，拿出了罢免该监事理由的证据。股东大会审议后，决定罢免该监事，关于新的监事人选则需再议。

需要注意，根据《中华人民共和国公司法（2023年修订）》规定，持有1%股份的股东就能提起临时提案。具体内容如下：

第一百一十五条第二款 单独或者合计持有公司百分之一以上股份的

股东，可以在股东会会议召开十日前提出临时提案并书面提交董事会。临时提案应当有明确议题和具体决议事项。董事会应当在收到提案后二日内通知其他股东，并将该临时提案提交股东会审议；但临时提案违反法律、行政法规或者公司章程的规定，或者不属于股东会职权范围的除外。公司不得提高提出临时提案股东的持股比例。

5%：成为新三板及上市公司的主要股东

在新三板和上市公司的股权结构中，5%的持股比例虽然看着不大，却拥有不小的影响力。因此对5%的持股比例线，相关监管部门均出具了明确的规定。其具体主要体现在以下几个方面：

1. IPO信息披露线

《公开发行证券的公司信息披露内容与格式准则第57号——招股说明书》第三十二条规定：发行人应披露持有发行人百分之五以上股份或表决权的主要股东的基本情况。主要股东为法人的，应披露成立时间、注册资本、实收资本、注册地和主要生产经营地、股东构成、主营业务及其与发行人主营业务的关系、最近一年及一期末的总资产和净资产、最近一年及一期的营业收入和净利润，并标明财务数据是否经过审计及审计机构名称；主要股东为自然人的，应披露国籍、是否拥有永久境外居留权、身份证号码；主要股东为合伙企业等非法人组织的，应披露出资人构成、出资比例及实际控制人。

2. 内幕信息知情线

5%被认定为内幕信息知情人，需禁止内幕交易及进行信息保密。

《中华人民共和国证券法》第五十条　禁止证券交易内幕信息的知情人和非法获取内幕信息的人利用内幕信息从事证券交易活动。

第五十一条　证券交易内幕信息的知情人包括：……（二）持有公司百分之五以上股份的股东及其董事、监事、高级管理人员，公司的实际控制人及其董事、监事、高级管理人员。

第五十三条第一款　证券交易内幕信息的知情人和非法获取内幕信息的人，在内幕信息公开前，不得买卖该公司的证券，或者泄露该信息，或者建议他人买卖该证券。

3.持股比例公告线

当一个股东持有新三板或上市公司5%的股份时，需进行公告，并在公告期内不得再行买卖股票。

《中华人民共和国证券法》第六十三条第一、二、四款　通过证券交易所的证券交易，投资者持有或者通过协议、其他安排与他人共同持有一个上市公司已发行的有表决权股份达到百分之五时，应当在该事实发生之日起三日内，向国务院证券监督管理机构、证券交易所作出书面报告，通知该上市公司，并予公告，在上述期限内不得再行买卖该上市公司的股票，但国务院证券监督管理机构规定的情形除外。

投资者持有或者通过协议、其他安排与他人共同持有一个上市公司已发行的有表决权股份达到百分之五后，其所持该上市公司已发行的有表决权股份比例每增加或者减少百分之五，应当依照前款规定进行报告和公告，在该事实发生之日起至公告后三日内，不得再行买卖该上市公司的股票，但国务院证券监督管理机构规定的情形除外。

违反第一款、第二款规定买入上市公司有表决权的股份的，在买入后的三十六个月内，对该超过规定比例部分的股份不得行使表决权。

公司行为与持股比例

30%：触发上市公司要约收购的临界点

要约收购是指投资者通过向上市股东的股东发出收购其所持股份的要约，以获取该公司控制权的行为。相关法规为要约收购，设置了30%的要约收购线，但某一方持股达到30%时，便触发了要约收购的临界点。设置要约收购线的目的主要有三个，具体如图2-4所示。

01	防止投资者通过不正当手段获取公司控制权
02	保障所有股东在同等条件下享有股份出售的权利
03	防止恶意收购，维护资本市场秩序

图2-4 设置要约收购线的三大目的

要约收购的经典案例之一是四川水井坊。2018年3月1日，四川水井坊发布《要约收购公告报告书》显示："帝亚吉欧全资子公司CMIHL再次要约收购水井坊股份，价格为45元，股份数量为48854570股，股份比例为10%，要约收购期共计30个自然日。"此次要约收购完成，帝亚吉欧将直接和间接持有水井坊70%的股权，对水井坊拥有绝对的控制权。此前，帝亚吉欧已经触发过一次要约收购。

《中华人民共和国证券法》对要约收购作了以下规定：

第六十五条　通过证券交易所的证券交易，投资者持有或者通过协议、其他安排与他人共同持有一个上市公司已发行的有表决权股份达到百分之三十时，继续进行收购的，应当依法向该上市公司所有股东发出收购上市公司全部或者部分股份的要约。

收购上市公司部分股份的要约应当约定，被收购公司股东承诺出售的股份数额超过预定收购的股份数额的，收购人按比例进行收购。

第六十六条　依照前条规定发出收购要约，收购人必须公告上市公司收购报告书，并载明下列事项：

（一）收购人的名称、住所；

（二）收购人关于收购的决定；

（三）被收购的上市公司名称；

（四）收购目的；

（五）收购股份的详细名称和预定收购的股份数额；

（六）收购期限、收购价格；

（七）收购所需资金额及资金保证；

（八）公告上市公司收购报告书时持有被收购公司股份数占该公司已发行的股份总数的比例。

第六十七条　收购要约约定的收购期限不得少于三十日，并不得超过六十日。

第六十八条　在收购要约确定的承诺期限内，收购人不得撤销其收购要约。收购人需要变更收购要约的，应当及时公告，载明具体变更事项，且不得存在下列情形：

（一）降低收购价格；

（二）减少预定收购股份数额；

（三）缩短收购期限；

（四）国务院证券监督管理机构规定的其他情形。

第六十九条　收购要约提出的各项收购条件，适用于被收购公司的所有股东。

上市公司发行不同种类股份的，收购人可以针对不同种类股份提出不同的收购条件。

第七十条　采取要约收购方式的，收购人在收购期限内，不得卖出被收购公司的股票，也不得采取要约规定以外的形式和超出要约的条件买入被收购公司的股票。

25%：上市公司首次公开发行股票的占比

IPO是上市公司在资本市场上迈出的关键一步。而IPO的关键步骤之一，就是确定新发行股份占公司总股本的比例。一般情况下，25%是首次公开发行股票的黄金比例占比，其主要考虑的因素有三点，具体如图2-5所示。

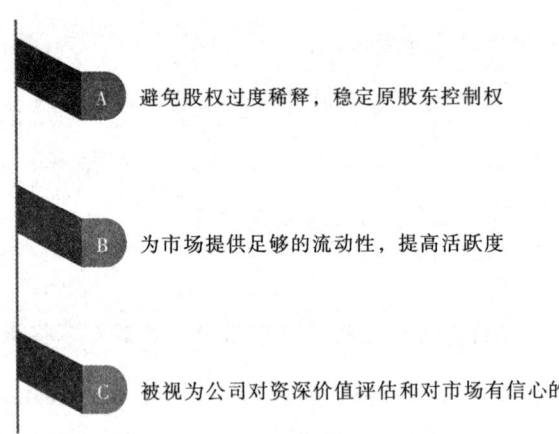

图2-5　25%持股线的三大设置目的

《深圳证券交易所股票上市规则（2023年8月修订）》规定：境内企业申请首次公开发行股票并在本所上市，发行后股本总额不低于5000万元，公开发行的股份达到公司股份总数的 25% 以上；公司股本总额超过 4 亿元的，公开发行股份的比例为 10% 以上。

这一规定在福建创识科技股份有限公司发布的公告中即有充分体现，公告如下："中国证券监督管理委员会《关于同意福建创识科技股份有限公司首次公开发行股票注册的批复》（证监许可〔2021〕93 号）同意注册，公司向社会公开发行人民币普通股（A 股）3412.50 万股，于 2021 年 2 月 9 日在深圳证券交易所上市交易。首次公开发行前总股本 102375000 股，首次公开发行股票完成后公司总股本为 136500000 股，其中公司首次公开发行网下配售限售股股份数量为 1759344 股，占发行后总股本的 1.2889%，该限售股份已于 2021 年 8 月 9 日上市流通。"

20%：上市公司权益变动的关键比例

股东在上市公司取得 20% 股权，就代表其在公司治理中的话语权显著增强，在董事会、股东大会等决策层面上的影响力极大，因而也可能导致公司控制权的争夺，影响公司运营的稳定性，从而影响到大众投资者的利益。为避免这一风险，相关法规规定，当上市公司发生 20% 权益变动时，需要及时、准确、全面地披露相关信息，解答投资者问题，不让投资者因信息不对称而导致投资受损。

《上市公司收购管理办法》第十七条　投资者及其一致行动人拥有权益的股份达到或者超过一个上市公司已发行股份的 20% 但未超过 30% 的，应当编制详式权益变动报告书，除须披露前条规定的信息外，还应当披露以下内容：

（一）投资者及其一致行动人的控股股东、实际控制人及其股权控制关系结构图；

（二）取得相关股份的价格、所需资金额，或者其他支付安排；

（三）投资者、一致行动人及其控股股东、实际控制人所从事的业务与上市公司的业务是否存在同业竞争或者潜在的同业竞争，是否存在持续关联交易；存在同业竞争或者持续关联交易的，是否已做出相应的安排，确保投资者、一致行动人及其关联方与上市公司之间避免同业竞争以及保持上市公司的独立性；

（四）未来12个月内对上市公司资产、业务、人员、组织结构、公司章程等进行调整的后续计划；

（五）前24个月内投资者及其一致行动人与上市公司之间的重大交易；

（六）不存在本办法第六条规定的情形；

（七）能够按照本办法第五十条的规定提供相关文件。

前述投资者及其一致行动人为上市公司第一大股东或者实际控制人的，还应当聘请财务顾问对上述权益变动报告书所披露的内容出具核查意见，但国有股行政划转或者变更、股份转让在同一实际控制人控制的不同主体之间进行、因继承取得股份的除外。投资者及其一致行动人承诺至少3年放弃行使相关股份表决权的，可免于聘请财务顾问和提供前款第（七）项规定的文件。

20%：科创板股权激励的上限比例

为进一步激发科创企业的创新活力，我国在科创板实施了一系列创新性制度，其中股权激励制度便是重要举措之一。但为了避免科创板上市公司无底线进行股权激励，影响市场稳定，将其股权激励的上限股权比例定为20%。这一比例的设定主要考虑到三点，如图2-6所示。

第二章　持股比例：不同类型公司持股比例相同，权利不同

1 人才是科创板企业的核心资源，低于20%不利于企业吸引和留住核心人才

2 高于20%的股权激励可能会导致股权过度分散，引发控制权争夺

3 股权激励需要付出一定成本，20%可以有效控制企业的实施成本

图2-6　20%持股线设定三大原因

《上海证券交易所科创板股票上市规则（2023年8月修订）》规定：上市公司可以同时实施多项股权激励计划。上市公司全部在有效期内的股权激励计划所涉及的标的股票总数，累计不得超过公司股本总额的20%。比如在科创板上市的希荻微电子集团股份有限公司，我们可以看其发布的2024年股票期权激励计划，其股权激励的上限为：

本激励计划拟授予的股票期权数量1107.45万份，占本激励计划草案公告日公司股本总额40975.0733万股的2.70%。其中，首次授予886.45万份，占本激励计划草案公告日公司股本总额的2.16%，占本次授予权益总额的80.04%；预留221.00万份，占本激励计划草案公告日公司股本总额的0.54%，预留部分占本次授予权益总额的19.96%。

10%：主板上市公司激励总量控制线

在不同板块上市的公司，股权激励总量的控制线不同，科创板为20%，主板上市的公司则为10%。

《上市公司股权激励管理办法》第十四条　上市公司全部在有效期内的股权激励计划所涉及的标的股票总数累计不得超过公司股本总额的10%。非经股东大会特别决议批准，任何一名激励对象通过在有效期内的股权激

励计划中获授的全部的本公司股票，累计不得超过公司股本总额的1%。

之所以将股权激励总量的控制线规定为10%，主要考虑到以下几个方面：

第一，相较于科创板上市公司，主板上市公司的规模较大、市值较高，如三者相同，则会影响到主板、创业板的股权稳定性及股票市场的稳定性。

第二，10%的设定可以有效防止公司内部通过激励机制进行不当的利益输送，从而保护公司与投资者的利益。

第三，使公司制定激励方案时更加谨慎及理性，避免因激励过度导致财务压力或经营风险。

2023年11月28日，华天科技（002185.SZ）公布2023年股票期权激励计划（草案），其股权激励总量控制在了10%以内。具体信息如下：本激励计划拟向激励对象授予2.5亿份股票期权，涉及的标的股票种类为人民币A股普通股，占本激励计划公告日公司股本总额3204484648股的7.80%。

10%：上市公司股份回购的最大限制

股份回购是指上市公司通过自有资金或合法筹集的资金，在二级市场以一定的价格买回公司发行的股份的行为。股份回购一般有四种情形，具体如图2-7所示。

股权回购很容易滋生市场操纵、内部交易等不当行为，从而损害投资者利益与市场公平。因此，市场监管部门对上市公司股份回购设定了相应的限制条件，其中股份回购比例限定最为严格。

第二章 持股比例：不同类型公司持股比例相同，权利不同

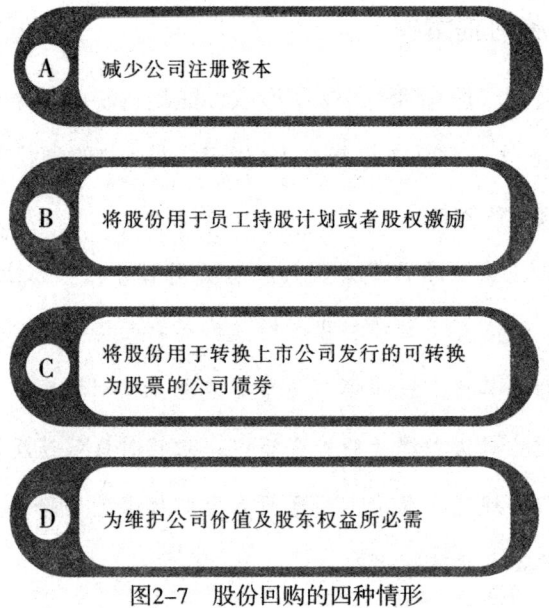

图2-7 股份回购的四种情形

《上市公司股份回购规则》中国证券监督管理委员会公告〔2023〕63号第十七条 上市公司因本规则第二条第一款第（一）项规定情形回购股份的，应当在自回购之日起十日内注销；因第（二）项、第（三）项、第（四）项规定情形回购股份的，公司合计持有的本公司股份数不得超过本公司已发行股份总额的百分之十，并应当在三年内按照依法披露的用途进行转让，未按照披露用途转让的，应当在三年期限届满前注销。

小股份拥有大权利——1%

股份是当下衡量一个公司所有权与控制权的重要标准，但往往我们关注的都是大股份比例线，比如67%、51%、30%……忽视1%这个不起眼的数字。然而，1%虽然份额小，其蕴含的权利和影响力却不容小觑。

41

权利一：临时提案权

在非公众公司，股东拥有1%的股权即能拥有临时提案权。根据《中华人民共和国公司法（2023年修订）》规定，持有1%股份的股东就能提起临时提案。具体内容如下：

第一百一十五条　单独或者合计持有公司百分之一以上股份的股东，可以在股东会会议召开十日前提出临时提案并书面提交董事会。临时提案应当有明确议题和具体决议事项。董事会应当在收到提案后二日内通知其他股东，并将该临时提案提交股东会审议；但临时提案违反法律、行政法规或者公司章程的规定，或者不属于股东会职权范围的除外。公司不得提高提出临时提案股东的持股比例。

权利二：减持监督线

作为上市公司的大股东，其一举一动都可能影响公司的股价。如果发生大规模大股东减持股份现象，毫无疑问会引发市场恐慌，导致股价大幅波动，损害中小股东利益。因此，大股东的减持行为一直都是重要关注点，所以相关法规对大股东减持作了限制性规定。其积极影响具体体现在三个方面，如图2-8所示。

根据相关法规要求，1%是中小股东对大股东减持的监督线。

《上市公司股东、董监高减持股份的若干规定》第九条第一、二、三款　上市公司大股东在3个月内通过证券交易所集中竞价交易减持股份的总数，不得超过公司股份总数的1%。

股东通过证券交易所集中竞价交易减持其持有的公司首次公开发行前发行的股份、上市公司非公开发行的股份，应当符合前款规定的比例限制。

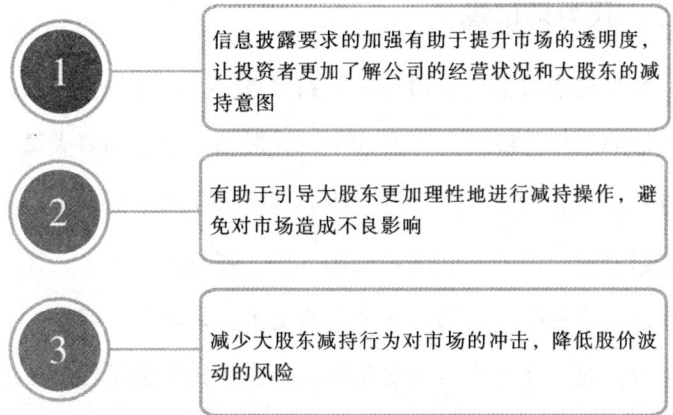

图2-8 限制性减持的三个积极影响

股东持有上市公司非公开发行的股份,在股份限售期届满后12个月内通过集中竞价交易减持的数量,还应当符合证券交易所规定的比例限制

适用前三款规定时,上市公司大股东与其一致行动人所持有的股份应当合并计算。

第十条 通过协议转让方式减持股份并导致股份出让方不再具有上市公司大股东身份的,股份出让方、受让方应当在减持后6个月内继续遵守本规定第八条、第九条第一款的规定。

股东通过协议转让方式减持其持有的公司首次公开发行前发行的股份、上市公司非公开发行的股份,股份出让方、受让方应当在减持后6个月内继续遵守本规定第九条第二款的规定。

第十一条 上市公司大股东通过大宗交易方式减持股份,或者股东通过大宗交易方式减持其持有的公司首次公开发行前发行的股份、上市公司非公开发行的股份,股份出让方、受让方应当遵守证券交易所关于减持数量、持有时间等规定。

适用前款规定时,上市公司大股东与其一致行动人所持有的股份应当合并计算。

权利三：代为诉讼线

代为诉讼线是指股东在公司利益受到侵害时，为维护自己及公司的利益而提起诉讼的资格持股线。在实践中，大股东、董事高管人员、他人损害公司利益事件时有发生，代为诉讼线的制度为小股东提供了反侵害的路径，允许他们以股东的名义向法院提起诉讼。需要注意的是，在提起诉讼前，需要符合前置程序，先请求董事会或监事会采取相关行动，如被拒绝或怠于行使时，股东才可直接向法院提起诉讼。代为诉讼线的持股权一般为1%。

《中华人民共和国公司法（2023年修订）》第一百八十九条第一、二、四款　董事、高级管理人员有前条规定的情形的，有限责任公司的股东、股份有限公司连续一百八十日以上单独或者合计持有公司百分之一以上股份的股东，可以书面请求监事会向人民法院提起诉讼；监事有前条规定的情形的，前述股东可以书面请求董事会向人民法院提起诉讼。

监事会或者董事会收到前款规定的股东书面请求后拒绝提起诉讼，或者自收到请求之日起三十日内未提起诉讼，或者情况紧急、不立即提起诉讼将会使公司利益受到难以弥补的损害的，前款规定的股东有权为公司利益以自己的名义直接向人民法院提起诉讼。他人侵犯公司合法权益，给公司造成损失的，本条第一款规定的股东可以依照前两款的规定向人民法院提起诉讼。

公司全资子公司的董事、监事、高级管理人员有前条规定情形，或者他人侵犯公司全资子公司合法权益造成损失的，有限责任公司的股东、股份有限公司连续一百八十日以上单独或者合计持有公司百分之一以上股份的股东，可以依照前三款规定书面请求全资子公司的监事会、董事会向人民法院提起诉讼或者以自己的名义直接向人民法院提起诉讼。

上海A公司一直致力于高科技产品的研发生产，在公司快速发展的同时，大股东滥用权利损害公司利益的事件时有发生。陈某拥有这家公司的51%的股份，拥有对公司的相对控制权。然而，他认为自己是这家公司的"主人翁"，公司的一切都是他说了算。为此，目光狭隘的他不仅未通过这份权利将公司推向光明发展的轨道，反而利用职权为自己牟私利，多次擅自决定公司重大经营决策，将公司资源用于自己的私人项目。

张某是这家公司的小股东，只拥有1%的股权。他认为，股份虽少，但也要承担股东责任，维护公司及自己的利益。于是，他向董事会报告，请求撤销股东大会决议，在申请董事会和监事会无效后，直接诉讼至法院。法院判决张某胜诉，陈某归还经营所得，并赔偿相应损失。

权利四：上市公司独立董事提议线

随着我国资本市场的快速发展，上市公司的数量呈现爆发式增长，为保护广大股东的权益，独立董事在公司治理结构中的作用越来越大。独立董事提议线是独立董事最重要的职权之一，其是指独立董事拥有向上述公司提出意见、建议和议案的权利。对于独立董事而言，具体价值体现在以下三个方面（见图2-9）。

因此，为保证独立董事的"独立性"，相关法规均对上市公司独立董事的任职条件作了严格规定，其中就包含持股线。

 帮助独立董事做好咨询和决策支持的岗位职责

 保障公司治理结构平衡，防止内部人控制

 作为独立第三方代表中小投资者发声，保护中小股东利益

图2-9　1%独立董事线的三大价值

股权控制顶层设计

《深圳证券交易所上市公司自律监管指引第 2 号——创业板上市公司规范运作（2023 年 12 月修订）》规定：直接或者间接持有上市公司已发行股份 1% 以上或者是上市公司前十名股东中的自然人股东及其直系亲属。

第三章
股权分配：在源头上遏制失权风险

正所谓"一个好汉三个帮"，一个成功的公司需要多人的合力。凡是那些发展起来的企业，在创业时都需要组建团队，比如腾讯"五虎将"、阿里巴巴"十八罗汉"……当然，有人就必然会涉及股权的分配问题。那么，怎么分配才能从根源上避免股权纠纷？怎么分配才能在保证股东满意的同时，保障公司的长期利益？怎么分配才能避免创始人被踢出局？……

股权分配的"三要""三不要"

在现实中,有不少前途无量的公司因为股权分配问题而"中道崩殂"。比如现在已经被大多数人遗忘的"千夜旅游"。它曾经被看作线上旅游类创业品牌的黑马,市场估值一度达到5000万元,并获中关村兴业投资1000万元。对于"千夜旅游"的失败,其创始人冯钰认为:"是股权分配不合理导致,给早期投资人的股份太多,给执行团队预留的股份太少,因而后续的融资以及人才引进都产生了极大的问题。""千夜旅游"并不是个例,现实中因为股权分配不当问题导致公司发展不稳甚至倒闭的并不在少数。所以,要想做好公司,首先就在"股权分配"上遵守"三要三不要"原则。

"三要原则"

股权分配的"三要原则"主要内容如下:

1. 要公平

股权分配公平之所以重要,是因为它关系到企业内部的关系。股东之间的合作关系是建立在相互信任与利益共享的基础上的。如果股权分配不公,必然导致股东间的矛盾与冲突,从而破坏企业的正常运营。同时,公平的股权分配可以让股东更加愿意投入企业的经营管理中去,共同推动企业的发展,反之亦然。

2. 要权利

在某种程度上,创业讲究的就是"速度",市场千变万化,时机转瞬即逝，谁能抓住先机谁就能先分一杯羹。而现实中，不少公司就因为决策慢的问题而错过了机会。决策慢的根本原因是公司没有一个有力的决策者，拥有差不多股权或者投票权的股东因为自身利益或者观点不同互相"扯皮"，从而导致"决策慢"的问题。因此，创业者在进行股权分配时一定要遵循"权利原则"，保证自己有绝大部分的决策权，以免因决策慢耽误发展时机。遵循"权利原则"，一般可以采取三种做法，具体如图3-1所示。

- ✓ 保证自己有绝大部分的持股比例，最少达到51%以上
- ✓ 通过AB股设计，自己拿有较多决策权的A类股
- ✓ 通过一致行动协议、投票委托协议，把其他股东的决策权集中在自己手上

图3-1 遵循"权利原则"的三种方法

3.要以人才为重

从古至今，都讲究"人才为重"，商业更是如此。有人才能有"财"，企业才能得到发展。因此，各大企业对于人才的引进与保留都是各出奇招。对于"人才"，我们首先要保证物质上的满足，而不仅是"高薪"，最好还能将公司"分给他"，使其成为公司的一分子，共享公司利益。所以，创业者在进行股权分配时一定要遵循"人才为重"的原则，在早期进行股权分配时为人才留住"股权池"。

"三不要原则"

股权分配的"三不要原则"主要内容如下：

1.不要平均主义

大多数创业者在初创业时都会选择和家人、同学、朋友合伙创业，因

为关系亲近，所以在股权分配时一般会采取"平均主义"。如果是三人合伙就34%、33%、33%，四人合伙就各25%……这种股权分配的方式，虽然在初创业时维持了关系，但到最后基本会成为关系破裂的"导火索"。因为这种"平均主义"看似"公平"，实则"最不公平"，隐藏着诸多弊端，具体如图3-2所示。

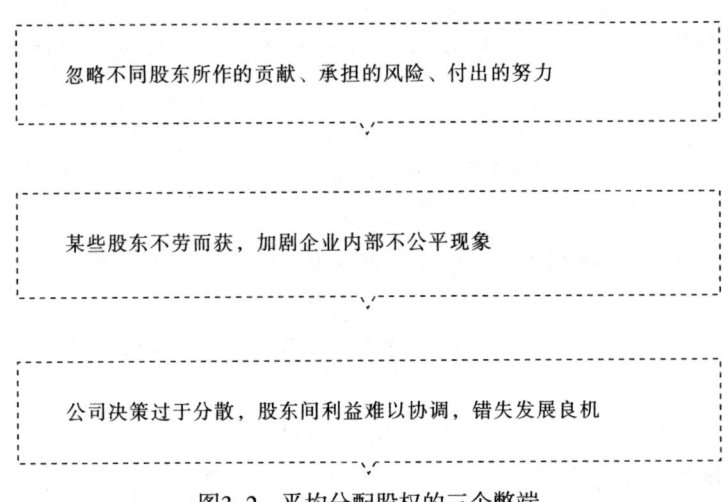

图3-2 平均分配股权的三个弊端

2. 不要过早一次性分配

不少初创业公司在追求快速发展的同时，在创业初期就将股权分配完了，没有考虑到公司的长期发展。过早地进行一次性分配，往往会带来一系列潜在的问题与风险：

（1）既得股权者容易失去后续创业的积极性，躺在功劳簿上养老；

（2）股东价值合理性无法衡量，引发股东内部矛盾；

（3）失去未来融资及扩张的能力，只能稀释原有股东股权；

（4）失去吸引并留住人才的有力"武器"。

3. 不要资金占大股

很多初创公司在早期发展时因为缺少资金，所以会用大比例的股份换取融资额。实际上，单纯的资金投入不应该占大部分股权，不管是公司创立后对外融资时，还是创立前个人出资时。因为如果纯资金占注册资本的比例过大，会导致很多风险，具体如下：

（1）资金合伙人大股份比例会使创始人失去对公司的控制权；

（2）资金合伙人大股份比例影响股权激励效果，从而影响其他股东积极性；

（3）资金合伙人更关注资本回报与风险控制，限制公司的创新和发展；

（4）资金合伙人一旦退股，极大可能导致公司资金链断裂；

（5）预留股份太少，导致外部投资者对公司的投资兴趣降低。

股权分给谁，比分多少更重要

在探讨股权分配的问题时，我们往往会把关注的重心放在股权的分配比例上，而忽视股权分配的对象选择。实际上，分对人比分多少更重要。因为股权分配对象直接决定了公司核心团队的综合能力，决定了他们能带着公司走多远。我们可以根据以下方法挑选股权分配对象：

与自己价值观一致的人

一群人聚在一起创业，前提是三观一致，这样才能做到步调一致。所以，股权分配的对象一定要与自己的价值观一致。什么叫价值观一致？比如对于一个新的商机，你敢于冒险，抓住时机立即行动，而对方则表示要观察一段时间，看看别人的成果。这就是价值观的不同。

如何选择价值观一致的人成为股东？首先，深入剖析自己的价值观，明确自己对创业、团队、利益等方面的看法与追求；其次，多途径了解候选人的价值观，可以从对方的言谈举止、思维方式、行为方向、过往经历、相关背景来了解并判断其价值观的真实性与稳定性；最后，保持自己的开放心态，每个人都有自己的独特之处，认真倾听对方的观点与建议，从中发现与自己"合拍"的一面。

资源能力与自己互补的人

在运营公司的过程中，一个人的能力与资源往往是有限的。因此，公司为了能得到更好的发展，就需要具有不同资源和能力的人成为公司的股东，与自己形成资源能力的互补。寻找资源能力互补股东的价值主要体现在三个方面，如图3-3所示。

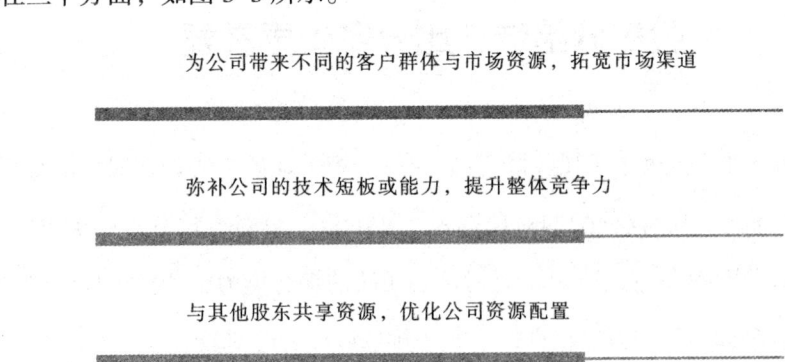

图3-3 寻找资源互补股东的三大价值

以深圳的一家智能家电科技公司为例。该公司创始人拥有某智能家电产品研发的关键技术，且本身技术研发经验丰富，可以为产品带来持续创新，基于原先积累，也不缺乏创业基金。但因为是技术型人才，所以在市场推广和客户关系管理方面存在极大的短板。为了避免"酒香也怕巷子深"的情况出现，该公司创始人想用20%的股权寻找能与自己实现资源能力互补的合伙人。经过多方考察与洽谈，其最终选择了一位擅长市场营销与客户关系管理的人作为公司的股东。最终公司的产品销售火热，证明了该创始人选择的正确性。

对公司长期发展有价值的人

公司想要长久发展，就需要做好长期规划。因此，在做股权分配时更不能因眼前小利而失未来大益。不少创业者认为谁钱给得多就多给谁股权，而从未考虑这些钱在解决了眼前困境的同时，对未来是否有帮助，也因此忽略了那些对公司长期发展有价值的人。那么什么是对公司长期发展有价值的人呢？

一是能长期且全职投入公司工作；

二是带来的资源价值没有时效性的短板；

三是能给公司持续带来创新的技术能力；

四是可以帮助公司开拓市场及对业务进行整治的业务骨干。

拥有优秀品质的人

不管是工作还是生活，最怕遇到的就是"品质不好的人"，尤其是创立和发展企业。因此，股权分配对象的选择需要慎之又慎，最基本的条件之一就是选择拥有优秀品质的人。一般需要考察以下几个方面的品质：

一是诚信度。诚信是合伙关系的基础，有诚信的人才会遵守承诺，不会为了个人利益而损害公司利益。

二是责任心。有强烈的责任心才能为自己的行为负责，并对公司的成功和失败承担责任。不会把自己身为股东应承担的责任推给其他人，躺在其他人的努力上获取利益，有风险时又将风险推给其他人。

三是有高度。不拘泥于眼前的小钱小利，能看到公司的长远发展。同时，是一个胸怀宽广之人，不会因为工作中的摩擦而心生不满。

四是有耐心。创业是一条漫长的道路，成功也不是短时间内就能达到的，因此需要耐心，沉下心把眼前的工作做好。

五是能坚持。创业路上有无数的风雨，需要有吃苦耐劳的品质，更要有坚持不懈的精神，不会遇到困难就退缩。

根据贡献值分配股权最公平

近年来，越来越多的创业者在分配股权时采取了"贡献值分配法"。顾名思义，就是根据个人对公司的贡献大小来分配股权。这种方法打破了传统按照出资比例分配股权的固定模式，更加注重个体在公司发展中的实际作用及价值。

《中华人民共和国公司法（2023年修订）》第四十八条 股东可以用货币出资，也可以用实物、知识产权、土地使用权、股权、债权等可以用货币估价并可以依法转让的非货币财产作价出资；但是，法律、行政法规规定不得作为出资的财产除外。对作为出资的非货币财产应当评估作价，核实财产，不得高估或者低估作价。法律、行政法规对评估作价有规定的，从其规定。

某科技公司的创始人已经有过数次创业案例，给他带来最深刻教训的就是公司的失败不是因为产品和竞争，而是源于公司的内斗。此前每次成立公司他都是按照出资比例的方式给各股东分配股权，谁出资多谁就是大股东。但出资多的股东更看重投资回报，同时对公司的贡献也只有资金，由此引发其他股东的不满，最终引发股东纠纷导致公司运营不稳。

为避免上述情况再次上演，此次创业他在分配股权时采取了贡献值分配法，且设置了多个贡献值要素，而不是单纯地以"出资额为准"。接下来，我们来看看该创业者是如何运用"贡献值分配法"来分配股权的。

确定贡献值的要素包含以下几类：

（1）现金。现金就是当下的资金投入。"钱"不是万能的，但没有"钱"是万万不能的，尤其是对于初创公司来说，资金的作用非常大。但由于初创公司尚未让人看到其实际的价值，因此很难获得投资。正因为如此，这个阶段的现金投入就显得意义非凡。

（2）工作时间。既然是合伙创业，全职、兼职或是"甩手掌柜"对公司的贡献都是不同的。比如，三个创始人都投入了100万元资金，一个创始人全职工作，一个创始人兼职工作，一个创始人完全不工作，到了年底拿到的股权分红却相同，那么全职和兼职工作的人肯定会不满。所以，应该把股东的工作时间投入列入股权贡献值范畴。

（3）实物资产。向公司提供实物资产也是一种投入，可以作为另一种现金投资，但需要满足两个条件，如图3-4所示。

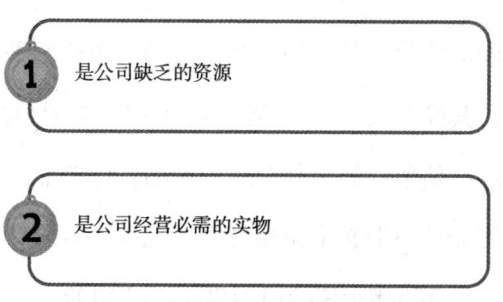

图3-4　实物资产入股的两个条件

（4）场地。提供办公场所、仓库、店铺也可以作为一种贡献值投入，但必须是公司缺乏这些场地，合伙人不提供的话，公司就需要另行租赁或购买。需要注意，在这样两种情况下，提供场地不能折算为对公司的贡献：

一是超出公司需要的场地，二是本来不能为提供者盈利的场地提供给了公司。

（5）关键技术。在科技创新的年代，关键技术无疑是取得市场竞争的最有力武器。因此，关键技术不仅能作为贡献值要素，还要给出高估值。当然，这需要建立在关键技术对公司有用、不会被市场替代或不是已被市场淘汰的情况下。

（6）关键资源。公司需要一定的资源，比如特定的人脉、销售渠道、营销渠道等。这些资源可以让公司获得重要的合作伙伴、占领市场份额、扩大知名度等。但需要注意的是，这些资源要区分是短期性还是长期性，两者的价格完全不同。

贡献值计算方法应当是先折算创始人对创业公司各种投入的价值，再计算各种投入价值的总和，最后折算每个人投入价值占总价值的比例。

具体的计算方式如下：

（1）现金的估值。现金的估值就等同于现金额，10万元投入就是10万元。

（2）工作时间的估值。其等同于市面上同一职位的平均薪资。如总经理一个月1万元，其投入就是12万元，先以一年时间计算。

（3）实物资产的估值。如果是全新的产品，即按照全新价格计算；如果是二手产品，则需要按照折旧价格计算。比如一台全新的笔记本电脑是5000元，用过1年，其价格应按当下折旧值折旧计算。

（4）场地的估值。按照当下租金市场价估值，超出部分不估值。比如一家门店一个月1万元租金，就以投入12万元计算，先以一年时间计算。

（5）关键技术的估值。如果是知识产权，则以知识产权出售费用或是出租费用计算。

（6）关键资源的估值。如果是帮公司带来销售收入，就可以按照市场行情支付销售提成；而如果是人脉带来的融资，则可以按照此顾问的市场行情支付佣金。

针对不同人的需求分配股权

在创业初期，创业者唯一的底气就是自己的"梦想"。怀揣着梦想去寻找一个个认同者，这些人当中，有创始人、合伙人、投资人。让人认同自己的梦想而组建一家公司不难，但如何把梦想转化为实际的利益，交付到他们手中才是关键。也就是说，如何分配股权，这些人才愿意为完成你的梦想一起努力。需要注意的是，想要合理分配股权，就要针对不同人的需求。

根据创始人需求分配股权

创始人通常负责制定公司的愿景、战略和发展方向，因此在股权分配时，需要保证其持有大部分股权，以确保他们对公司的控制权。如果只有发起者自己1个创始人，其持股比例则最好在51%以上，这样他就能在公司的重大决策中拥有决定性的投票权。

如果有多个联合创始人，那就要保证其比合伙人的平均持股高2—4倍。因为他们通常负责公司的不同方面，比如技术、市场、运营等。其股权分配应该在10%—25%，这个比例既可以体现公司对其贡献的认可，激励他们继续为公司的成功而努力，也能保证自己对公司的控制权。

股权控制顶层设计

需要注意的是，联合创始人的人数不宜过多，保持在 2—5 个人即可，因为太多会导致股权结构过于分散，也不利于后续的股权设计工作，比如引进新的合伙人、投资人、激励核心员工。

比如成立于 2008 年的 Airbnb，由乔·吉比亚、布莱恩·切斯基和内森·布莱卡斯亚克三人共同创立。为保证自己对公司的控制权，三人的股权比例分别为 13%、11%、11%。这种股权结构既保证了创始人对公司的控制权，也为公司后续股权计划的实施留下了充足的空间。

根据合伙人需求分配股权

合伙人作为公司的所有者之一，他们希望自己在公司有一定的参与权和话语权。因为作为合伙人，他们有自己独特的眼光和出色的才能，希望自己的价值被看见、被实现，如果没有参与权和话语权，那么是很难做到这一点的。因此，在给合伙人分配股权时，最好是保持在 8%—15% 的比例。通常情况下，公司的规模越大，合伙人的人数就越多，其合伙人所持有的股权比例也应往下调。

比如小米集团的股权架构，由于小米集团规模庞大，合伙人数量较多，其持股比例也并不高。2018 年小米的招股书显示，创始人雷军持有小米 31.4124% 的股份，联合创始人林斌为 12.328%，其他合伙人分别为：黎万强 3.2375%、黄江吉 3.2375%、洪峰 3.2207%、徐打来 2.9322%、刘德 1.5494%、周光平 1.4317%、王川 1.1149%。

根据投资人需求分配股权

投资人为公司提供资金，帮助公司实现快速成长，且作为股权分配最重要的利益相关者，满足他们的需求与期望至关重要。投资人的需求就是追求快速进入和快速退出，保证高净值的回报。因此，在给投资人分配股权时我们需要考虑以下因素：

（1）投资额度。一般情况下，投资额度越大，其在公司的股权比例就越高。

（2）投资时间。早期投资的天使投资人需要承担更高的风险，而且公司估值较低，可以给予更高的估值；投资越晚，公司估值越高，给予的股权比例越少。

（3）其他价值。除了资金外，如果投资人还能带来专业知识、人脉资源等其他价值，也应给予相应的股权回报。

（4）投资诉求。一般投资人为降低风险，会要求优先清算权与优先认购权，这在股权分配时也应得到合理考虑。

综上考虑，早期的投资人股权比例最好保持在单个不超过30%，否则很容易使创始人失去对公司的控制权。

比如小米，根据其招股书，晨兴集团作为投资人上市前的持股比例只有17.1931%，其他投资人的总持股量为21.3430%。此外，小米集团还设置了AB股模式。持股比例与表决权不成正比，这有效保证了雷军对小米公司的控制权。

> 股权控制顶层设计

不同类型的合伙人怎么分配股权

一个人的力量是有限的，创业更是如此。因此，合伙人制已经成为现在创业的主流模式。但是，合伙人制的公司并不像传统创业那样，找自己的亲朋好友一起，只要信任就行，它需要根据自己的需求及公司的发展需寻找不同类型的合伙人，然后给不同类型的合伙人分配最合适的股权比例。

技术合伙人的股权分配

现在是科技创新时代，技术起到了至关重要的作用，尤其是科技型公司。因此，技术合伙人也成了合伙人团队中的关键人物。技术合伙人负责公司的核心技术工作，目的是把创始人的构想变成实际的产品。比如微信支付张小龙就是典型的技术合伙人，其开发的微信不仅风靡全国，几乎成了每个国人必备的沟通交流软件，而且有效解决了腾讯因QQ式微所带来的发展缓慢问题。需要注意的是，技术合伙人需要具备的不只是"技术能力"，还要具备团队管理能力，因为其负责的是整个公司的技术工作，需要管理公司的技术团队。

因此，对于技术合伙人不能只用薪酬去计算其价值，还需要给其股权。但技术合伙人的股权如何分配呢？可以考虑以下两点：

其一，技术合伙人的技术可以按照价值所占的比例进行分配。需注意，只有技术所有权如实转让给公司才属于如实出资。《中华人民共和国公司法（2023年修订）》第四十九条规定，以非货币财产出资的，应当依法办理其财产权的转移手续。

其二，采用股权分阶段法。如果是技术型的公司，技术合伙人的股权比例一般为30%。但为避免该技术合伙人的"技术不到位"，不能为公司创造应有的价值，可以采取分阶段兑现的方法，如前期兑现10%，完成某个技术难关时兑现10%，产品完全实现时兑付10%。

资金合伙人的股权分配

资金合伙人是合伙企业中提供资金的重要角色，他们提供的资金，为公司的运营、扩张、创新提供了必要的物质基础。可以毫不夸张地说，绝大部分公司各个阶段的发展都离不开资金合伙人的支持。虽然资金合伙人缓解了公司的资金压力，但在现实中因为资金合伙人所持股份比例过大，将创始人踢出局的案例也不在少数。

比如新浪的创始人王志东，1998年成立微博，2001年公司上市后被踢出局。虽然出局原因众说纷纭，但大多数人认为王志东作为技术型人才，不懂股权设计，在融资过程中引进不少资金合伙人，手中持有的20%股份也一路稀释到6%，导致最终彻底失去了对公司的控制权。

所以，在给资金合伙人分配股权时，要考虑到他的重要性，也要防范其带来的风险。可以按照资金价值给其相应的股权，比如估值1000万元，资金合伙人投资510万元，那就给其50%的股权，但与此同时，需要做好控制权防范工作，比如签订委托投票权、设置AB股形式等。

管理合伙人的股权分配

腾讯前首席执行官陈一丹就是极为优秀的管理合伙人。任职期间，陈一丹为腾讯的管理作出了极大的贡献。在腾讯的十多年里，他负责腾讯的行政、法律、政策发展、人力资源以及公益慈善基金事宜，管理机制、知识产权及政府关系也由他协调。马化腾公开称赞其完美诠释了"首席行政官"的定义。

"打江山易，坐江山难"，现实中不知有多少公司死于管理问题。一个极好的管理类人才可遇而不可求，所以，管理合伙人也是合伙人团队的核心人物之一。管理合伙人的工作积极性及能力直接影响到公司的稳定，但是其工作的价值很难量化，该分配多少股权给他才合理呢？可以根据以下这两点来做决定：

其一，按照公司的估值大小给予股权，如果估值较大，就给予10%甚至更少；如果估值较小，则给予10%以上。

其二，管理能力及管理效果很难在短时间内看到，所以最好制定股权兑现的考核目标。比如在半年内或一年内达成什么管理目标，股权才能全部兑现。

资源合伙人的股权分配

在某些时候，资源比资金更短缺。所以，资源合伙人在创业生态中的角色至关重要，他们能凭借自身的资源为公司的发展提供强大的支持。资源合伙人提供的资源有一次性的，也有持续性的；有稀缺性的，也有普遍性的。因此，如何为资源合伙人合理分配股权，既能回报他们的贡献，又能保障公司的利益，是一个需要好好考虑的问题。

对于资源合伙人的股权分配应考虑五点，具体如图3-5所示。

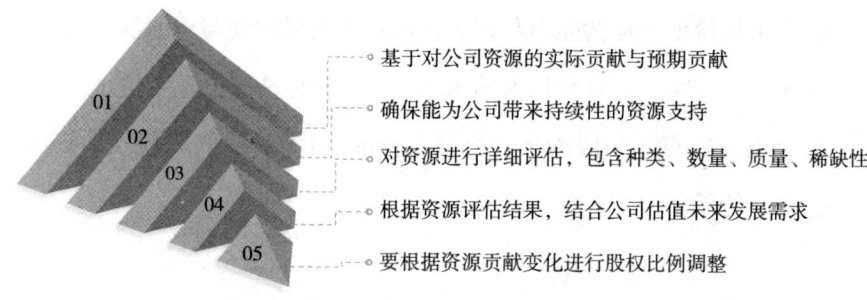

图3-5 资源合伙人股权分配需考虑的五点

运营合伙人的股权分配

作为小米公司联合创始人之一,黎万强的运营让小米在竞争激烈的手机市场迅速脱颖而出。在小米早期发展阶段,黎万强承担了MIUI系统的整体研发和运营工作,让其迅速成长为中国最受欢迎的安卓定制系统之一。之后打造的"小米手机粉丝文化",为小米培养了大量的忠实粉丝,为小米产品的口碑塑造奠定了基础,也为公司的持续发展壮大提供了强大的动力。可以说,小米成功实现从创业公司到国际知名科技巨头的转变,黎万强起到了至关重要的作用。

负责运营的合伙人在公司发展过程中扮演着至关重要的角色,他们不仅要确保产品的市场竞争力,还要维护和扩大用户基础,为公司的长期发展提供动力。而黎万强是创业者们最想要的人才,尤其对互联网类公司来说。但这种高端的运营型人才不是靠高年薪就能吸引来的,而是需要用股权吸引他成为公司的合伙人。

但如何给运营合伙人分配合理的股权呢?需要考虑以下四点:

(1)贡献度。在运营方面的实际贡献,比如增值的用户数量、转化数量、用户满意度。

(2)能力经验。在相关领域的专业能力与过往经验。

（3）市场价值。运营能力与资源在市场上的稀缺性与价值。

（4）公司战略。运营合伙人的角色对公司整体战略的重要性。

结合以上四点，一般给运营合伙人分配5%—20%的股权。越依赖运营的公司，给予的股权应该越高。

动态分配机制是保证公司控制权的关键

2016年，老刘、老李、老张三人合作创立了一个原创定制音乐品牌"X"。老刘担任首席执行官，负责X品牌的建设和推广；老李担任首席技术官，负责技术开发和维护；老张为提升音乐品质，邀请关某作为首席运营官加入创业团队。

最初，X品牌的股权分配为：老刘作为发起人持股61%，老李持股30%，老张持股9%。之后，公司发展进入良性轨道后，老刘和老张因运营理念不同产生了分歧，老张认为自己的贡献比刘大，但持股太少。

与此同时，关某的实力也开始显现，其出色的音乐才华为X品牌带来了非常可观的收听资源及广告投入。于是，关某也对自己所持的股份开始产生不满。就这样，三人矛盾重重，几次纠纷事件后，公司发展受到不小的影响，最终，原本被业内普遍看好的X品牌分崩离析。

实践证明，过早固定或切割股权的公司，在发展后期几乎都会出现部分成员认为自己的贡献与收益不对等的情况，进而引发消极工作现象，严重的直接导致创业团队"散伙"。在无数血泪的教训下，有人提出了动态股权分配机制。2012年，迈克·莫耶（Mike Moyer）的《切蛋糕：创业公司动态股权分配全案》（*Slicing Pie: Funding Your Company Without Funds*）

一书出版后,迅速在创业圈中流行开来,动态股权分配机制也成为许多公司的股权设计核心机制。

动态股权分配机制是指根据公司的战略发展、业绩变化、股东贡献变化等因素,对股权结构进行动态调整的一种机制。

动态股权设置的核心原则

动态股权设置需符合以下核心原则:

第一,体现每个合伙人的价值。这包括金钱、时间、专利、技术、资源,让合伙人感受到自己的付出得到了相应的回报,付出越多得到越多。

第二,体现公司发展阶段性成果。完成一个发展目标后,就要进入下一个发展阶段。因此,在完成后要让合伙人得到相应的回报,承诺的股权要兑现到位。

第三,体现合伙人的实际贡献值。股权分配的时间应是在股东产生实际贡献后,而不是在公司设立之初就把股权分配完毕。如此,就可以防止股东的贡献价值不到位,与其所持股权不对等,引发其他股东不满的情况。

第四,体现动态股权机制的动态化。公司发展是很漫长的,在这期间肯定有合伙人想离开公司。因此,要设立好相应的退出机制,比如回购股权等,实现股权的收放自如。当然,这些退出机制必须建立在一定的条件之上。

第五,体现动态股权的可操作性。再好的机制,如果操作起来过于复杂,实施成本过高,可操作性低,那么也会流于形式。

动态股权设置的步骤

设定动态股权机制,需要先完成以下六个步骤:

第一，确定核心合伙人。核心合伙人一般是指创始人，负责六项工作（见图 3-6）。

图3-6 核心合伙人负责的六项工作

第二，确定初始股权结构。这需要抓住两个关键：一是保证公司的实际控制人有一定量的股权，二是剩余股权按照确定的贡献值来计算股权比例。

第三，设定贡献值要素。贡献值要素包括资金、工作时间、实物、技术、场地、资源等，但贡献点的设立需要考虑以下三个方面：

（1）贡献点辐射的范围要足够大，如此才能吸引人才加入。

（2）把岗位职责外的贡献要素设置为贡献点，可以触动合伙人用业余时间或其他资源来为公司作贡献。

（3）设立激励性质的贡献要素，激励合伙人作出超预期的表现，如超额完成销售目标。

第四，跟踪记录贡献值变化。合伙人的贡献值是不断变化的，比如，有些合伙人前期投入工作时间多，后期投入少；资源合伙人的资源前期价值大，后期价值越来越少……将贡献值变化点记录下来，作为下一次股权比例调整的依据。

第五，阶段性分配实质股权。在公司设立后，应设立总目标，再将总目标分解为小目标，当完成一个阶段性目标后，就应根据每个合伙人的贡献价值计算分配比例，对股权承诺的事项做一次动态调整。

第六，制定回购机制。在设立股权机制时，应约定："任何合伙人的股权，不能单独地对外转让、售卖、套现等。"但为了"股权转让自由"，让股东能得到实质性的价值回报，可以设立一个回购机制，并按合理优先次序进行。

第一优先级：公司。公司按照原定价格回购股权。

第二优先级：原股东。由公司的原有股东对股权进行回购。

第三优先级：外部第三方。如果公司及原有股东放弃回购，则可以将股权转让给外部第三方。

第四章
主体架构：构建稳固控制权的股权主体架构

一个能稳固控制权的股权主体架构，不仅能够确保公司决策的高效执行，还能促进公司的长期稳定发展。股权架构的类型有很多，不同的股权架构有其独特的优势和弊端，并不是可以"拿来就用"。在搭建时，要根据公司的需求、发展阶段、战略目标等进行选择。

自然人直接持股架构：直接持股目标公司股权

什么是自然人直接持股的股权架构？

它是指公司的股权由创始人、合伙人、核心员工等自然人直接持有，中间不存在持股平台，各个股东按照他们的出资额投入直接持有目标公司的股权，且合计持有的股权等于目标公司100%股权（见图4-1）。自然人直接持股的股权架构，该自然人可以为一个或多个。

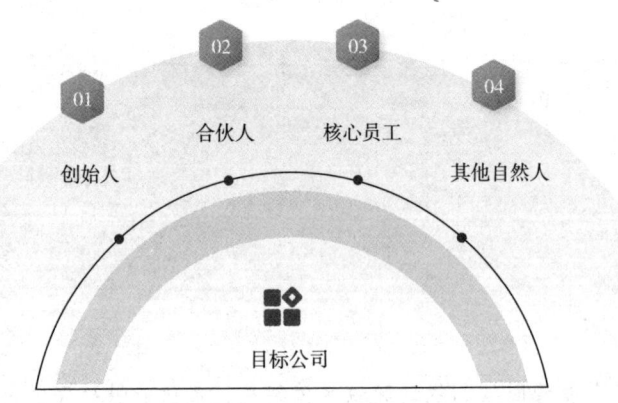

图4-1 自然人直接持股架构

在设计和实施自然人直接持股架构时其人数需符合《中华人民共和国公司法（2023年修订）》的规定：

第四十二条 有限责任公司由一个以上50个以下股东出资设立。

第九十二条 设立股份有限公司，应当有一人以上200人以下为发起人，其中应当有半数以上的发起人在中华人民共和国境内有住所。

自然人直接持股架构优势

自然人直接持股架构优势总结如下：

（1）股权清晰明了。什么人持股、持股多少，在自然人直接持股的股权架构中一眼就能看透，无须进行任何股权穿透，因此有效避免了股权纠纷的存在。

（2）普适性强。从股权设计方案层面来看，因为易于理解、简单便捷，所以更容易操作，适合大多数初创公司。因此一些初创公司在成立时，大多采取这种持股模式。

（3）套现税负优势。在自然人持股模式下，自然人股东套现存在诸多优势（见表4-1）。

表4-1 自然人股东套现优势

/	转让非上市公司股权	转让限售股	转让非限售股股票
套现个税可预期	税率20%	税率20%	免税

自然人直接持股架构缺点

自然人直接持股架构缺点如下：

一是不利于风险隔离。虽然《中华人民共和国公司法（2023年修订）》就股东个人对公司债务作了有限承担的规定："有限责任公司的股东以其认缴的出资额为限对公司承担责任；股份有限公司的股东以其认购的股份为限对公司承担责任。"但在理论与实践中，股东个人对公司债务承担连带责任的案例不在少数。因此，相比于其他股权架构有持股平台作为隔离，自然人直接持股不利于隔离公司经营风险与股东个人财产。

二是不利于股权控制。这主要表现在五个方面：

（1）因为股权架构没有经过特别设置，因此一旦需要对外融资，就要稀释原股东的持股比例，但随着持股比例降低，股东控制权自然也受影响。

（2）套用公司章程模板，未经专业设置，很容易出现同股同权情况，当股东发生争议时，公司治理即陷入僵局。

（3）影响决策效率。创始人无法通过持股平台集中目标公司股权，如果股东人数较多则股权相对分散，影响公司决策效率。

（4）不利于公司上市。如果公司预备上市就需要进行股份制改造，该架构下的自然人股东将承担较高的个人所得税，而股东此时未取得现金收入，却要先缴纳一大笔个人所得税，显然极大地提高了上市成本。

（5）不利于股权激励。因为自然人所持有的股权等同于公司100%股权，且不存在持股平台，在进行股权激励时就需要原股东分割出部分股权，这存在较大困难。

自然人直接持股架构的设计

自然人直接持股架构相较于其他类型的股权架构虽然简单一些，但也有多个方面需要考虑。

（1）股东投入与股权比例。不能仅从"出多少钱占多少股份"这单一层面来确定持股量，需要综合考量各股东的技术、管理、资源及其他方面的投入。

（2）确保创始人的控制权。如果核心创始人不能保证自己持有大股份比例，那么也应通过设置特殊股权结构或签订协议来保证核心创始人的控制权，避免出现各股东权利均等、公司陷入僵局的情况。

（3）公司财产独立于个人财产。除非是一人股东公司，在设计自然人股权架构时，一定要确保股东能够证明公司财产独立于其个人财产，以免对公司债务承担连带责任。

（4）考虑公司未来发展。没有任何一个创业者不希望自己的公司走得更远，但自然人直接持股架构会在一定程度上限制公司发展，如融资、股权激励、上市等，因此，在设计时要保持一定的灵活性和可扩展性。

间接持股股权架构：将股权集中，提升控制力

什么是间接持股股权架构？

间接持股股权架构，是指创业者在投资设立实体公司前，先通过设立一家或多家持股公司，再由这些持股公司持股目标公司，形成股权的间接持有关系（见图4-2）。在间接持股股权架构关系中，持股公司本身不进行实质性的公司运营工作，只有目标公司的股权，并通过这些股权获得收益。常见的间接持股形式包括持股公司、有限合伙、资管计划等。当下，主要使用前两种形式进行间接持股。

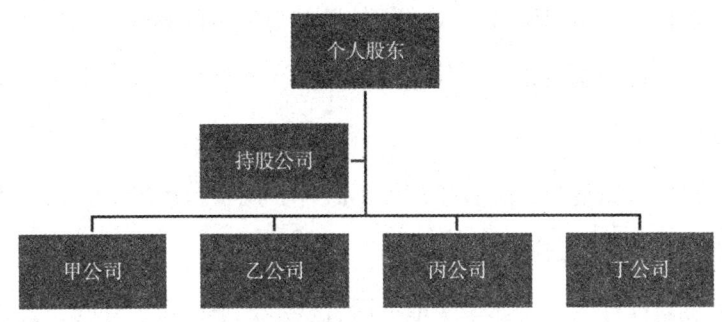

图4-2 间接持股股权架构

比如 A 公司为保证创始团队对公司控制权的前提下引进战略投资者，以拓展新领域，决定设立间接持股股权架构。该公司设立了一家全资子公司 B 作为持股平台，是 B 公司的唯一股东。B 公司的主要功能是帮助 A 公司持有和管理 A 公司在新业务领域的股权。

B公司对外开展融资，引进了三位战略投资人，分别持有10%、15%、20%的B公司股份，同时这三位投资人也间接获得了A公司在新业务领域公司的股权。A公司拥有55%的股权。

A公司负责新业务领域的日常管理及决策，B公司作为持股平台，只负责股权的持有、转让及分红。B公司的其他股东可以参与B公司的重大决策，但不能参与A公司的日常运营。A公司仍是B公司的实际控制人。

A公司通过间接持股股权架构，既引进了投资人发展新业务，又保证了自己的控制权，同时成功地将新业务领域的风险隔离在了B公司的层面，可谓一举三得。

间接持股股权架构的优点

间接持股股权架构的优点可以总结为以下几个方面：

（1）风险隔离。公司在经营过程中难免会出现各种风险，间接持股就等于为股东做了一道风险隔离层，保护股东免受风险影响。比如在法律风险方面，当公司面临诉讼或法律纠纷时，因为间接持股，股东不会直接承担法律责任。

（2）股权权属清晰。除直接持股形式外，间接持股的股权权属更清晰简单，避免产生股权归属争议的可能。

（3）撬动杠杆效应。如果采取有限合伙形式进行间接持股，公司实际控制人担任唯一的普通合伙人，那么就可以实现用少量的出资完全控制合伙公司的目的。

（4）方便股权集中管理。采取有限合伙形式进行间接持股，可以方便实际控制人集中管理股份，有效控制股份变动或股票减持的节奏，最大限度地避免来自资本市场的"门外野蛮人危机"。

间接持股股权架构的缺点

（1）需要同步转让股权。如果是有限合伙企业形式，在转让股权时，需要所有合伙人同步转让股权。

（2）较高的税负。股东在退出时可能要面临双重税负：一是持股公司退出时所需要缴纳的企业所得税，二是股东从持股公司退出时获益的个人所得税。

（3）管理成本较高。间接持股股权架构模式需要额外设立持股公司，由此公司需要投入更多资本来管理如税务、审计及合规性问题。因此，管理成本相对较高。

（4）降低决策效率。因为存在持股平台一层，所以决策过程也增加了一道程序，由此使得决策过程变得更为复杂和缓慢，对公司的运营效率和市场响应速度产生了一定的负面影响。

持股公司与有限合伙间接持股对比

上文有述，间接持股股权架构的搭建形式主要有两种：一种是持股公司形式，另一种是有限合伙形式。两者的区别如下：

（1）组织架构。持股公司是个独立的法人个体，拥有独立法人代表；有限合伙企业是由普通合伙人与有限合伙人组织。

（2）法律责任。持股公司股东承担与股权比例相对应的责任；有限合伙企业中的普通合伙人负责企业经营管理，并对其债务承担无限连带责任，有限合伙人不参与企业经营，承担与所持股份相对应的债务责任。

（3）税务承担。持股公司作为独立法人实体，需缴纳企业所得税，股东所获利润需缴纳个人所得税，因此股权退出时可能存在双重税务。有限合伙企业不是纳税主体，只需承担个人所得税。

（4）公司治理。持股公司的公司治理结构相对完善，一般设有董事会、监事会，决策过程相对规范；有限合伙企业的决策一般由普通合伙人负责。

金字塔架构：用少量现金流控制公司

阿基米德说："给我一根杠杆，我就能撬动地球。"金字塔股权架构显然很好地印证了这句话。通过金字塔股权架构，可以让创业者用少量的资金控制大量外部资金，最终实现"以小博大"的目的。

什么是金字塔股权架构？它是指公司实际控制人通过多重间接持股形成一个金字塔式的控制链，从而实现对目标公司的实际控制。其结构形式为：公司实际控制人控制第一层公司，第一层公司控制第二层公司，第二层公司控制第三层公司，以此类推。比如已上市的天某力公司，其股权架构就是属于金字塔式（见图4-3）。

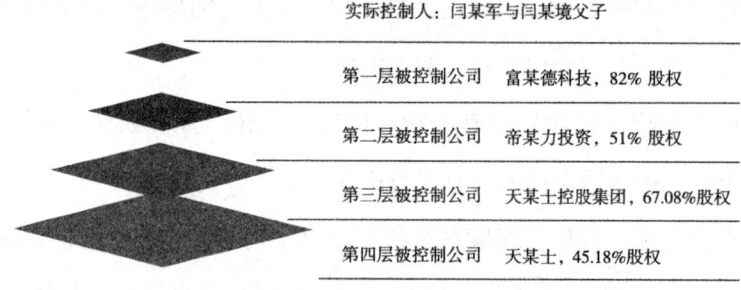

图4-3 天某力公司金字塔股权架构

金字塔股权架构的优点

金字塔股权架构被不少实力雄厚的企业家或公司所采用，因为它具备诸多优点，具体如下：

（1）股权杠杆。可以让实际控制人用最少的资金撬动最多的股权。比如某实控人出资 67 万元控制 A1 公司 51% 的股权，A1 公司用 132 万元控制 A2 公司 51% 的股权，A2 公司用 260 万元控制 A3 公司 51% 的股权，A3 公司用 510 万元控制注册资本为 1000 万元的 A 公司，股份为 51%。通过这五层架构，该实控人实际上只用 67 万元就控制了注册资本为 1000 万元的 A 公司；如果是单层，则需要 510 万元。

（2）利于融资。在金字塔股权架构中，上层公司可以通过向下层公司注资来获取资金，从而有效提高整个公司的融资渠道与融资选择，同时，因为有上层公司支持，下层公司在金融机构的评级也会提升，可以得到更多的融资资金。

（3）纳税筹划。在金字塔股权架构中，自然人通过多层设置实际控制目标公司，因此可以实现更好的纳税筹划效果。《中华人民共和国企业所得税法》第二十六条规定："企业的下列收入为免税收入：……（二）符合条件的居民企业之间的股息、红利等权益性投资收益……"

（4）人事筹划。一些公司的元老虽然在创业初期作出了巨大的贡献，但随着公司的成功，元老们因获得巨额回报也逐渐丧失了奋斗的激情，同时能力也无法跟上公司发展的脚步。但一些以人治为主的公司，不愿意"为公司发展而寒了元老的心"，为此，就将元老安排进控股公司工作，这不仅安抚了元老情绪，又打开了公司整体晋升渠道，给人才更多的职位发展空间。

金字塔股权架构的缺点

金字塔股权架构因为其独特的优势而被广泛使用，但也存在一些显著的缺点，具体如下：

（1）子公司缺乏独立性。在金字塔股权架构中，其控制权高度集中在顶层公司或个人手中，底层子公司的经营策略与发展方向在一定程度上受到干预，在面对市场需求变化时，无法根据自身情况及时应对，因此可能导致底层子公司缺乏独立性与灵活性。

（2）信息传递风险大。金字塔股权架构的多层架构，导致顶层公司或底层公司传递信息缓慢，需要经过层层对接，其对接过程中出现信息失真或滞后的风险迅速提升，这可能导致公司无法抓住市场机遇或及时应对不确定性风险。

（3）财务风险高。金字塔股权架构的复杂性导致其财务评估的复杂性。因为底层公司一旦发生财务风险，可能会因为股权问题影响到整个股权链公司的财务风险。同时，顶层公司也可能借该架构进行财务操纵，增加投资者风险。

（4）损害中小股东利益。在金字塔股权架构下，塔顶的控股大股东对塔底的子公司承担的责任是有限的，但它却可以借股权链创造极大的影响力。在这种不对称的关系下，大股东损害小股东利益的可能性极高。

（5）导致公司业务偏离。在金字塔股权架构下，尤其是上市公司的控股大股东，因为存在"以小博大"的优势，因此他们可能更热衷于资本运作，而不是关注公司的核心业务，而核心业务永远是一家企业能长久发展的根本。

金字塔股权架构的适用情形

因为金字塔股权架构较为复杂，因此一般适用于以下情形：

（1）资源控制最大化。希望能用最少的资源实现多层多级的资源控制，并保证对其的控制权。

（2）需要为股权激励创造空间。在股权激励时，公司不断释放股权的同时也要保证对公司的控制权，而金字塔股权架构可以在保持实际控制人控制权的同时，为股权激励提供更大的空间。

（3）协调复杂的公司间关系。如果公司间存在多层嵌套或交叉持股关系，金字塔架构可以清晰界定各层级公司的权责关系，降低公司间摩擦，协调公司间关系。

（4）需要长期持股的实业家。对于个人而言，金字塔架构可以让其用最少的资源长期控制目标公司。

（5）有多个业务板块的多元化企业集团。金字塔架构可以将这些业务独立出来，单独引进投资，成立一家为企业集团实控的公司，为企业发展带来更多的可能性，而且，独立出来的业务公司甚至可以单独实现上市。

对外直接投资架构：控制境外企业的有效股权结构

对外直接投资架构也称为"走出去"股权架构，是指创业者为实现持久盈利而对境外公司进行投资，并对境外公司实施经营管理和控制所搭建的股权架构。该股权架构的核心重点是，创业者直接在境外运营公司，以控制境外企业的经营管理权。

比如某轮船上市公司就是通过对外直接投资架构的方式实现对德国机床公司的控制的，其具体搭建过程如图4-4所示。

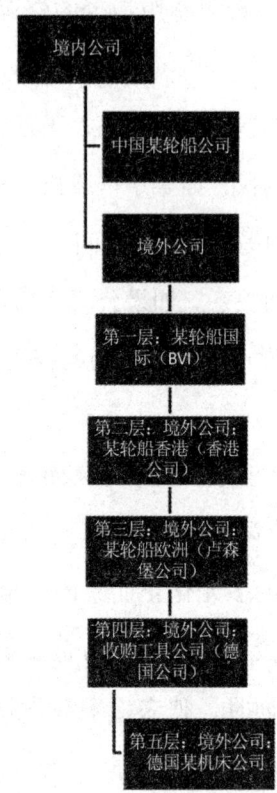

图4-4 某轮船上市公司实现对德国机床公司控制的股权搭建过程

对外直接投资架构的优点

选择搭建对外直接投资股权架构,是因其具备以下优势:

(1)境外融资更加方便。搭建对外直接投资股权架构后,中国境内公司就可以通过BVI公司及香港公司引入外币基金,同时,境外地区法律制度与境内不同,更加方便使用优先股、认购权等金融工具。

(2)投资退出更加方便。如果境内投资者想退出在境外的投资,可以通过BVI公司转让香港公司的间接转股方式,因为BVI及香港实行自由贸易政策,外汇管制制度与境内不同,不需要经过政府审批,退出效率更高。

（3）资源整合效率更高。通过该架构，可以有效整合国内外资源，实现资源的优化配置，提高资源整合效率。比如某服装品牌，就是通过投资控股国外的几家知名服装品牌，完成自己的全球战略布局的，其中包含运动类、户外类、休闲时尚类服装品牌。

（4）市场拓展速度更快。通过该架构，境内公司可以直接进入境外目标市场，迅速扩大市场份额，提升品牌在境外的影响力。

（5）获得境外税收优惠。不同国家的税收政策不同，通过直接对外投资架构，境内投资者可以对有税收优惠的国家及地区进行投资，享受当地的税收优惠政策，从而达到降低投资者成本、提高投资回报率的目的。

对外直接投资架构的缺点

任何事情都是一体两面，对外直接投资架构也是如此，其缺点如下：

（1）资金风险高。对外直接投资架构的搭建需要大量的初始资金，因此需要承担一定的现金流压力，一旦投资未能达到预期，或是境内公司运营出现问题，小则产生资金损失，大则直接导致公司资金链断裂。

（2）管理成本增加。跨国投资涉及不同国家与地区的文化差异，可能会导致管理上的冲突和误解，这无疑增加了管理成本。

（3）货币波动致不确定性增大。不同国家的外汇政策不同，货币汇率波动也不同，因此可能导致投资成本或收益发生变化，存在较大的不确定性风险。

（4）政治风险大。投资目标国家的政治稳定性、政策变化因素对境内公司的投资有着直接的影响，一旦发生波动或变化，轻则需要承担额外成本，重则可能导致目标投资公司无法继续经营。

（5）整合难度高。境内公司都存在各种文化差异，境外公司的文化差异可能更大。因此在整合过程中，会因为巨大的文化差异导致整合成本过高，甚至面临先期投资成功、后期因整合失败而导致投资失败的局面。

对外直接投资架构的搭建

一般而言，对外直接投资架构的搭建可以总结为以下三层大框架：

第一层，顶层架构。这层架构一般是搭建在如开曼群岛、百慕大、英属维尔京群岛等地。这类地区社会稳定、税收优惠高、公司注册方便且维护成本低，同时还有健全的法律体系。

第二层，中间架构。这层架构一般搭建在如荷兰、卢森堡、比利时、瑞士、爱尔兰等地。这类地区的特点是税务制度规范透明、税收协定较多、法制宽松但规范。

第三层，底层架构。这层架构一般搭建在投资目标所在地，会考虑到实质业务运作的需求，同时也方便对目标公司进行直接投资。

返程投资架构：以外商身份控制境内企业

对外直接投资架构是"走出去"，而返程投资架构是"回到家"。返程投资架构是指境内居民直接或间接通过特殊目的公司对境内开展直接投资活动，即通过新设、并购等方式在境内设立外商投资企业或项目，并取得所有权、控制权、经营管理权等权益的行为。与对外直接投资架构相同，该架构的完成需要对多个层次进行股权搭建，才能实现特定的商业目的。

在我国，不少公司除了有"走出去"的需求，还有"返程资金"的需求。比如某境内知名公司，其股东林某持有公司 60% 的股份，杨某持有公司 40% 的股份。现在为了将公司变为外商投资公司，两人决定搭建返程投资架构，其架构搭建步骤如下：

第一步，林某与杨某联手，以小额资本为基础，在境外设立了 BVI 公司 A。

第二步，BVI 公司 A 自行筹集外汇资金，以扩大其资本规模。

第三步，外汇收购资金作为 BVI 公司 A 收购境内公司股权或资产的对价，被汇入境内，同时境内公司完成股权结构变更，转变为外商独资或合资公司。

第四步，境内公司股东林某和杨某两人在境外设立控股公司，并将其定为拟上市主体。随后，BVI 公司股东与拟上市公司进行换股操作。

第五步，准备就绪的拟上市公司正式向海外上市的交易所递交上市申请。

第六步，境外公司投资架构搭建完成后，通过收购或协议控制的方式实现对境内实体公司的有效控制，完成返程投资资本运作闭环。

返程投资架构的优点

（1）灵活度高。在返程投资架构下，投资人可以根据公司的实际需求进行灵活设计，包括股权结构、资金来源、投资形式等多个方面。这种灵活性能够让公司随时根据外部环境的变化而调整投资策略或运营策略，最大限度地降低投资风险。

（2）税收优惠。我国对外商投资有诸多优惠政策，其中就包含所得税优惠，主要有税率优惠、减免税优惠、退税优惠、扣税起算日期优惠……

（3）风险隔离。返程投资架构的多层股权架构有效隔离和保护了公司资产，通过合理安排，投资公司可以将风险分散到不同的层级与地区，降低了投资公司的经营风险。

（4）资金运作效率高。在返程投资架构下，投资公司可以调用可流动的资金进行投资，通过境内外资金的合理调配，既避免了资金闲置，又提高了资金运作效率，让"钱生钱"。

返程投资架构的缺点

返程投资架构的缺点可以总结为以下几个方面：

（1）监管风险。随着全球金融监管的加强，返程投资架构的监管要求将越来越严格，投资者需密切关注自己所在国家的政策变化，确保合规搭建及运营。

（2）资金风险。与其他跨境股权架构搭建相同，返程投资架构因涉及跨境资金流动，可能受汇率波动等因素影响而产生一定的资金风险。

（3）操作风险。返程投资架构的设计因涉及多个地区，所以操作相对复杂，需要投资人具备较高的跨境资本运作能力，否则很可能因操作失败而导致投资项目失败，或增加投入成本。

（4）信息风险。因返程投资架构涉及多个层次与主体，所以信息流动性较慢，信息透明度降低，会增加公司内部管理和外部监管的难度，从而产生一定的信息风险。

返程投资架构的设立

1. 设立方式

作为境内投资人，要在返程投资架构下设立外商投资公司，一般可以通过如图 4-5 所示的方式设立。

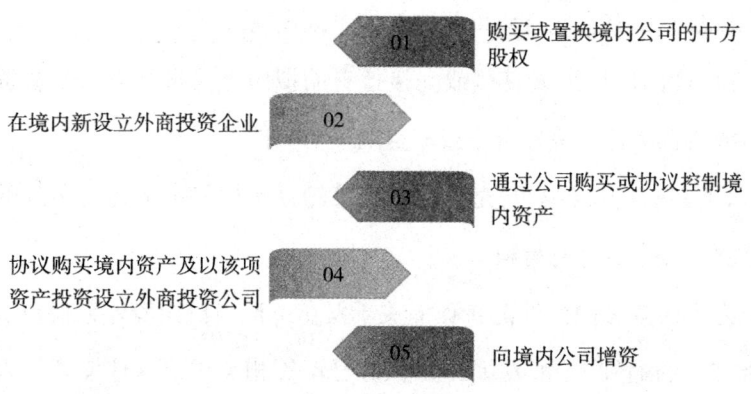

图4-5　返程投资架构的设立

2. 登记手续

《国家外汇管理局关于境内居民通过特殊目的公司境外融资及返程投资外汇管理有关问题的通知》（汇发〔2014〕37号）对于返程投资架构的登记作了明确的规定：

境内居民以境内外合法资产或权益向特殊目的公司出资前，应向外汇局申请办理境外投资外汇登记手续。境内居民以境内合法资产或权益出资的，应向注册地外汇局或者境内企业资产或权益所在地外汇局申请办理登记；境内居民以境外合法资产或权益出资的，应向注册地外汇局或者户籍所在地外汇局申请办理登记。

境内居民个人应提交以下真实性证明材料办理境外投资外汇登记手续：

（一）书面申请《境内居民个人境外投资外汇登记表》。

（二）个人身份证明文件。

（三）特殊目的公司登记注册文件及股东或实际控制人证明文件（如股东名册、认缴人名册等）。

（四）境内外企业权力机构同意境外投融资的决议书（企业尚未设立的，提供权益所有人同意境外投融资的书面说明）。

（五）境内居民个人直接或间接持有的拟境外投融资境内企业资产或权益，或者合法持有境外资产或权益的证明文件。

（六）在前述材料不能充分说明交易的真实性或申请材料之间的一致性时，要求提供的补充材料。

境内机构按《国家外汇管理局关于发布〈境内机构境外直接投资外汇管理规定〉的通知》（汇发〔2009〕30号）等相关规定办理境外投资外汇登记手续。

境内居民办理境外投资外汇登记手续后，方可办理后续业务。

第五章
控制模式：小股权也能控制大企业

在互联网、文化传媒、科技创新等中小公司，因为轻资产、高科技、高成长、高风险的特点，在发展过程中需要不断融资来支持自己的成长速度，但传统的股权架构致使公司原股东的股权在融资过程中不断被稀释，最终失去对公司的控制权。因此，这类公司急需打造适合国内法律且能满足公司需求又能保证公司控制权稳定的特殊型股权结构，也因此诞生了许多更符合当下需求的新股权模式。

有限合伙模式：不直接持有股权却能牢牢控制公司

在有限合伙模式中，除了普通合伙人，还包括有限合伙人。前者负责执行公司事务，却对合伙公司债务承担无限连带责任；后者不负责公司事务，以其认缴的出资额为限对合伙公司债务承担有限责任。

《中华人民共和国合伙企业法》第二条　有限合伙企业由普通合伙人和有限合伙人组成，普通合伙人对合伙企业债务承担无限连带责任，有限合伙人以其认缴的出资额为限对合伙企业债务承担责任。

比如某企业家为了能进行风险隔离，又保证自己能直接控制公司，就采取了有限合伙模式。其有限合伙股权模式搭建如图5-1所示。

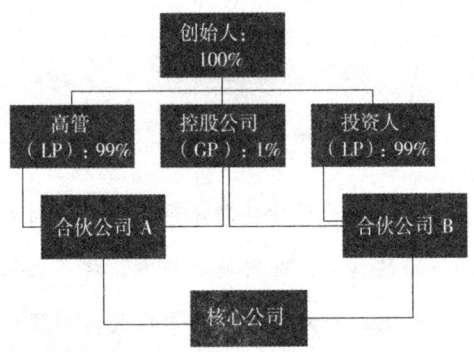

图5-1　有限合伙股权模式搭建

有限合伙企业的设立

关于有限合伙企业的设立，《中华人民共和国有限合伙企业法》作出了明确规定：

成立人数：有限合伙企业由两个以上五十个以下合伙人设立；但是，法律另有规定的除外。有限合伙企业至少应当有一个普通合伙人。

企业名称：有限合伙企业名称中应当标明"有限合伙"字样。

合伙协议内容：

（一）合伙企业的名称和主要经营场所的地点；

（二）合伙目的和合伙经营范围；

（三）合伙人的姓名或者名称、住所；

（四）合伙人的出资方式、数额和缴付期限；

（五）利润分配、亏损分担方式；

（六）合伙事务的执行；

（七）入伙与退伙；

（八）争议解决办法；

（九）合伙企业的解散与清算；

（十）违约责任；

（十一）普通合伙人和有限合伙人的姓名或者名称、住所；

（十二）执行事务合伙人应具备的条件和选择程序；

（十三）执行事务合伙人权限与违约处理办法；

（十四）执行事务合伙人的除名条件和更换程序；

（十五）有限合伙人入伙、退伙的条件、程序以及相关责任；

（十六）有限合伙人和普通合伙人相互转变程序。

有限合伙人相关规定

因有限合作模式的特殊性，《中华人民共和国有限合伙企业法》对有限合伙人作出了一定的规定：

出资：

（1）有限合伙人可以用货币、实物、知识产权、土地使用权或者其他财产权利作价出资。有限合伙人不得以劳务出资。

（2）有限合伙人应当按照合伙协议的约定按期足额缴纳出资；未按期足额缴纳的，应当承担补缴义务，并对其他合伙人承担违约责任。

（3）有限合伙企业登记事项中应当载明有限合伙人的姓名或者名称及认缴的出资数额。

执行合伙事务：有限合伙人不执行合伙事务，不得对外代表有限合伙企业。有限合伙人的下列行为，不视为执行合伙事务：

（1）参与决定普通合伙人入伙、退伙。

（2）对企业的经营管理提出建议。

（3）参与选择承办有限合伙企业审计业务的会计师事务所。

（4）获取经审计的有限合伙企业财务会计报告。

（5）对涉及自身利益的情况，查阅有限合伙企业财务会计账簿等财务资料。

（6）在有限合伙企业中的利益受到侵害时，向有责任的合伙人主张权利或者提起诉讼。

（7）执行事务合伙人怠于行使权利时，督促其行使权利或者为了本企业的利益以自己的名义提起诉讼。

（8）依法为本企业提供担保。

交易及业务：

（1）有限合伙人可以同本有限合伙企业进行交易，但是合伙协议另有约定的除外。

（2）有限合伙人可以自营或者同他人合作经营与本有限合伙企业相竞

争的业务，但是合伙协议另有约定的除外。

财产处理：有限合伙人可以将其在有限合伙企业中的财产份额出质，但是合伙协议另有约定的除外。有限合伙人可以按照合伙协议的约定向合伙人以外的人转让其在有限合伙企业中的财产份额，但应当提前三十日通知其他合伙人。

身份转变：有限合伙的合伙人身份并不是固定的，可以互相转化，但需符合以下条件：

（1）除合伙协议另有约定外，普通合伙人转变为有限合伙人，或者有限合伙人转变为普通合伙人，应当经全体合伙人一致同意。

（2）有限合伙人转变为普通合伙人的，对其作为有限合伙人期间有限合伙企业发生的债务承担无限连带责任。

（3）普通合伙人转变为有限合伙人的，对其作为普通合伙人期间合伙企业发生的债务承担无限连带责任。

工会持股模式：持股1%也能控制公司

工会持股模式是指公司依法设立的内部员工股管理平台，旨在代表持有内部职工股的职工行使股东权利，确保员工在公司中的权益得到充分保障和发挥。通过工会持股模式，公司能够更充分地调动员工的工作积极性，促进员工与公司之间的利益共享和共赢。这种股权模式不仅可以加强员工工作的积极性和对公司的归属感，还能推动公司长期稳定发展。

对工会持股模式的运用，目前国内最具代表性的当属华为公司。华为公司一直宣称自己是"全员持股的企业"，其股权结构图显示："华为公司只有任正非以及华为工会委员会两位股东,其中任正非占1.01%的股份,华为工会委员会占98.99%。"也就是说,华为工会委员会才是华为的大股东。华为工会委员会的成员只有分红权和与所持股份对应的公司资产增值权,并无投票权和表决权。不过,每个持股员工都可以拥有选举和被选举为股东代表的权利,华为全体持股员工可以选出51名代表,其中轮流选出13人作为董事会成员,5人担任监事会成员。

工会持股模式的优缺点

工会持股模式之所以被采用且一直被沿用,自然有其优势:

(1)能够增强员工归属感。通过工会持股模式,公司的每个员工都能成为公司的直接利益相关者,公司与员工牢牢地绑定在一起,这对增强员工的归属感及忠诚度有极大的帮助。

(2)能够提高公司治理水平。在工会持股模式下,员工能够参与公司的治理,有助于优化公司的治理结构,并使公司决策更加科学及合理,公司也不会变成几个大股东的"一言堂"。

(3)能够稳定公司股权结构。在工会持股模式下,公司只有两大股东,有效减少了外部股东的干扰,同时避免了股东纠纷,稳定了公司控制权,确保了公司的长远发展。

(4)调动员工工作积极性。在工会持股模式下,每个员工都是公司的股东,能分享公司的利益。而每个员工为公司创造的价值越多,能分到的利益也就越多,这可以有效激发员工的工作积极性。

(5)保障员工权益。在工会持股模式下,公司全体员工绑定在一起,选出的持股员工代表进入到决策权,可以更好地维护员工的合法权益,防止公司管理层及大股东损害员工利益。

目前，采用工会持股模式的公司并不太广泛，因为其存在一些劣势，并不适合每个公司使用：

（1）利益冲突风险。工会是员工的代表，因此在某些情况下可能存在与公司利益相冲突的情况，比如如果公司因为员工太过冗余，导致人力成本增加，想要进行人员优化，这势必与员工利益产生冲突。

（2）股份分散风险。工会持股可能导致公司股权分散，影响公司创始人的控制权。所以，如果选择工会持股模式，那么可以选择如华为公司的虚拟股权，持股员工拥有分红权，但不拥有表决权。

（3）监管风险。对持股工会的监管可能存在一定难度，因一些地区相关法律不健全，所以对持股工会的监管可能存在一定难度，需要从公司内部建立健全的监管机制，但这也意味着公司运营成本的增加。

工会持股模式的三种方式

公司员工如何通过职工委员会持有公司股权？可以总结为三种，如图5-2所示。

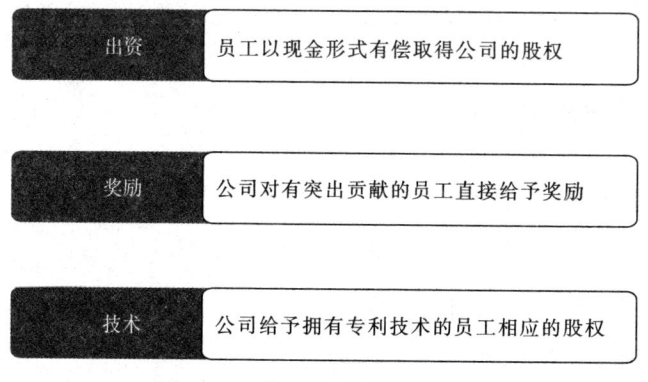

图5-2 工会员工持股的三种方式

> 股权控制顶层设计

AB股模式：1股投N票的超级股权

AB股模式，也称为双重股权制度，是一种特殊的股权架构。在这种股权模式下，公司可以发行A、B股两种股权，其中A股遵循"一股一权"原则，即每股1票表决权，主要针对外部投资者发行；B股则拥有特殊投票权，每股具有N票表决权，一般为10票，主要为公司创始人与管理层持有。

这种股权将公司的分红权与投票权分离，使创始团队用少量股权掌控公司控制权，实现了公司融资需求与创始团队控制权保护的双赢，所以被国内外公司广泛采用，比如谷歌、Facebook、小米、京东、百度。

如京东的AB股设计。京东2016年的年报显示：创始人刘强东按照持股比例来说，并不是京东的第一大股东，他只拥有15.8%的股权，但是他却用这15.8%的股权掌握了京东80%的投票权，是京东真正的掌控者。

AB股模式搭建要点

AB股模式搭建过程较为复杂，其中有几个要点需重点关注。

（1）股票分类。把公司的股票分成两类，A类和B类。

（2）表决差异。也就是投票权差异，A类一般为1股1票，B类一般为10票，具体票数根据公司需求设置。

（3）持有对象。公众投资者一般持有A类股，在满足其获取投资收益的同时，还可以保证公司的控制权稳定；公司创始团队、高管、早期投资人持有 B 类股，以满足其在公司拥有决策权及表决权的目的。

（4）转换限制。为保证 B 类股所代表的控制权不受外部冲击，A 类股不可转换为 B 类股，但 B 类股经过一定程序后可转换为 A 类股。

如京东 AB 股框架设计（见表 5–1）。

表5–1　京东AB股框架

持有人	其他投资人	刘强东
持有股票类型	A股	B股
股票表决权	1股1票	1股20票
交易规定	A类股上市交易	B类股不上市交易
转换规定	A类股不可转换为B类股	（1）B类股可随时自由转换为A类股 （2）B类股转换为非直系或是其控制的实体时，自动转换为A类股 （3）刘强东不再担任京东董事兼CEO或其他特定情况，其B类股自动转换为等量A类股

AB股设置法律要点

公司在设置 AB 股时，需符合《中华人民共和国公司法（2023 年修订）》的规定。

公司处于不同发展阶段，其 AB 股的设置不同：

非上市阶段根据规定，有限责任公司或股份有限公司 AB 股设置需符合下列规定：

第六十五条　股东会会议由股东按照出资比例行使表决权；但是，公司章程另有规定的除外。

第九十五条　股份有限公司章程应当载明下列事项：……（五）发行类别股的，每一类别股的股份数及其权利和义务。

第一百四十四条 公司可以按照公司章程的规定发行下列与普通股权利不同的类别股：

（一）优先或者劣后分配利润或者剩余财产的股份；

（二）每一股的表决权数多于或者少于普通股的股份；

（三）转让须经公司同意等转让受限的股份；

（四）国务院规定的其他类别股。

公开发行股份的公司不得发行前款第二项、第三项规定的类别股；公开发行前已发行的除外。

公司发行本条第一款第二项规定的类别股的，对于监事或者审计委员会成员的选举和更换，类别股与普通股每一股的表决权数相同。

第一百四十五条 发行类别股的公司，应当在公司章程中载明以下事项：

（一）类别股分配利润或者剩余财产的顺序；

（二）类别股的表决权数；

（三）类别股的转让限制；

（四）保护中小股东权益的措施；

（五）股东会认为需要规定的其他事项。

第一百四十六条 发行类别股的公司，有本法第一百一十六条第三款规定的事项等可能影响类别股股东权利的，除应当依照第一百一十六条第三款的规定经股东会决议外，还应当经出席类别股股东会议的股东所持表决权的 2/3 以上通过。

公司章程可以对需经类别股股东会议决议的其他事项作出规定。

拟上市阶段深圳证券交易所、上海证券交易所、北京证券交易所以及新三板均已出台规则，认可设置 AB 股的企业公开发行股份。如果公司有上市的需求，需充分考虑相关规定对 AB 股的要求，以免对上市产生负面影响。现在我们来看看《上海证券交易所股票上市规则（2024 年 4 月修订）》中关于 AB 股设置要求的重点，具体如下：

（1）设置要求：发行人首次公开发行并上市前设置表决权差异安排的，应当经出席股东大会的股东所持 2/3 以上的表决权通过。

发行人在首次公开发行并上市前不具有表决权差异安排的，不得在首次公开发行并上市后以任何方式设置此类安排。

（2）持有者要求：持有特别表决权股份的股东应当为对上市公司发展或者业务增长等作出过重大贡献，并在公司上市前及上市后持续担任公司董事的人员或者该等人员实际控制的持股主体。

持有特别表决权股份的股东在上市公司中拥有权益的股份合计应当达到公司全部已发行有表决权股份的 10% 以上。

（3）章程要求：上市公司章程应当规定每份特别表决权股份的表决权数量。每份特别表决权股份的表决权数量应当相同，且不得超过每份普通股份表决权数量的 10 倍。

除公司章程规定的表决权差异外，普通股份与特别表决权股份具有的其他股东权利应当完全相同。

（4）变动要求：上市公司股票在本所上市后，除同比例配股、转增股本、分配股票股利情形外，不得在境内外发行特别表决权股份，不得提高特别表决权比例。上市公司因股份回购等原因可能导致特别表决权比例提高的，应当同时采取将相应数量特别表决权股份转换为普通股份等措施，保证特别表决权比例不高于原有水平。

（5）比例要求：上市公司应当保证普通表决权比例不低于 10%。

（6）权利要求：单独或者合计持有公司 10% 以上已发行有表决权股份的股东有权提议召开临时股东大会；单独或者合计持有公司 3% 以上已发

行有表决权股份的股东有权提出股东大会议案。

（7）交易要求：特别表决权股份不得在二级市场进行交易，但可以按照本所有关规定进行转让。

（8）转换要求：出现如表5-2所示情形之一的，特别表决权股份应当按照1∶1的比例转换为普通股份。

表5-2　四种特别情形

情形一	持有特别表决权股份的股东不再符合《上海证券交易所股票上市规则（2024年4月修订）》第4.6.3条规定的资格和最低持股要求，或者丧失相应履职能力、离任、死亡 特别表决权股份自相关情形发生时即转换为普通股份，相关股东应当立即通知上市公司，公司应当及时披露具体情形、发生时间、转换为普通股份的特别表决权股份数量、剩余特别表决权股份数量等情况
情形二	实际持有特别表决权股份的股东失去对相关持股主体的实际控制
情形三	持有特别表决权股份的股东向他人转让所持有的特别表决权股份，或者将特别表决权股份的表决权委托他人行使
情形四	公司的控制权发生变更。上市公司已发行的全部特别表决权股份均应当转换为普通股份

（9）权利相等要求：上市公司股东对如图5-3所示事项行使表决权时，每一特别表决权股份享有的表决权数量应当与每一普通股份的表决权数量相同。

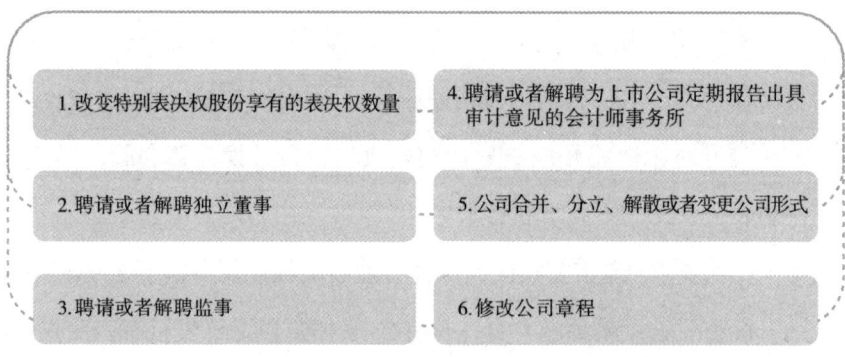

图5-3　特别表决权与普通股权利相同的六种情形

优先股模式：既融了资金又保住了控制权

如果关注投资市场，可能常见的头条新闻就是："一家快速增长的某某公司最新一轮融资成功筹集××亿元。这轮融资使公司估值达到惊人的×××亿元！"因此，可能有人发出疑问："这些公司刚成立不久，虽然发展速度快，但明显还未盈利，为什么能吸引这么多投资者？"

排除投资的基本要点，这些公司大部分都搭建了优先股模式，使投资者的投资风险得到最大程度的降低。

优先股模式是指在一般规定的普通种类股份之外，另行规定的其他种类股份，与普通股相比，拥有优先权。持有优先股的股东可以先于普通股的股东分配公司利润及剩余财产，但不参与公司的决策管理。

优先股的优先与限制

优先股的优先具体体现在以下两个方面：

一是优先分配权。按照公司的分配制度，优先股股东可以按照约定好的票面股息率优先于普通股股东获得公司利润。

二是优先求偿权。如果公司因解散、破产原因进行清算，优先股股东可以优先于普通股股东分配公司的剩余财产，但需要在公司清偿完债权、普通股权益之前。

优先股的限制具体体现在以下三个方面：

一是决策权利被限制。优先股股东无法像普通股股东一样参与公司的决策，不具备如选举权、被选举权、表决权这类的权利。

二是获得收益是固定的。优先股的股息率是固定的，这样即使公司发展良好，盈利增加，优先股股东所获得的利润也不会因此而增加。

三是不能自由退股。优先股股东无法像普通股股东一样要求公司退股，其所持有的股份只能通过赎回条款的形式被公司赎回。

优先股的分类

优先股的类型有很多种，创业者可根据公司实际情况来选择适合自己的类型，其主要有六类，具体如表5-3所示。

表5-3 优先股的分类

分类标准	类型一	类型二
按股息分类	固定股息率优先股：股息存续期间不做调整	浮动股息率优先股：根据约定计算方法进行调整
按分红分类	强制分红优先股：公司章程或协议规定，有可分配税后利润必须向优先股股东分配利润	非强制分红优先股：公司章程或协议未硬性规定优先股股东可优先分配税后利润
按累积分类	可累积优先股：公司当年可分类利润不足而未向优先股股东足额派发股息，差额累积到次年或某一年盈利时再分配	不可累积优先股：公司当年可分类利润不足而未向优先股股东足额派发股息，差额不可累积到下一会计年度再分配
按再分配分类	参与优先股：按照股息率分配后，有权同普通股股东一起参与剩余税后利润分配	非参与优先股：按照股息率分配后，无权同普通股股东一起参与剩余税后利润分配
按转换分类	可转换优先股：在规定时间内，可按照一定转换比例将优先股转换成普通股	不可转换优先股：在任何情形下，优先股都不能转换为普通股
按回购分类	可回购优先股：允许公司按照发行价格加一定比例的补偿收益回购优先股	不可回购优先股：设置优先股时不设立回购条款，公司不回购优先股

优先股回购条款

关于优先股的回购，具体内容可根据公司实际情况制定。以下是五矿资本股份有限公司发行优先股时的回购条款设置。

1. 回购选择权的行使主体

本次发行的优先股赎回选择权为公司所有，即公司拥有赎回权。本次发行的优先股不设置投资者回售条款，优先股股东无权向公司回售其所持有的优先股。

2. 赎回条件及赎回期

在符合相关法律法规和规范性文件的前提下，公司可根据经营情况于优先股股息发放日全部或部分赎回注销本次发行的优先股，赎回期至本次非公开发行的优先股全部赎回之日止。赎回权具体安排由公司董事会根据股东大会的授权最终确定。

3. 赎回价格及其确定原则

本次发行的优先股赎回价格为优先股票面金额加已决议支付但尚未支付的优先股股息。

优先股的利润分配方式

优先股的利润分配方式是优先股模式搭建的关键，公司情况不同，所采取的优先利润分配方式也不同，比如五矿资本股份有限公司的优先股利润分配方式就是如下这样的：

1. 固定股息分配安排

（1）固定股息的发放条件。按照《公司章程》规定，公司在依法弥补亏损、提取公积金后有可供分配利润的情况下，可以向本次优先股股东派发按照相应股息率计算的固定股息。股东大会授权董事会，在本次涉及优先股事项经股东大会审议通过的框架和原则下，依照发行文件的约定，选派和支付全部优先股股息。但若取消支付部分或全部优先股当年股息，则仍需提交公司股东大会审议批准，且公司应在股息支付日前至少10个工作日按照相关部门的规定通知优先股股东。

不同次发行的优先股在股息分配上具有相同的优先顺序。优先股股东分配股息的顺序在普通股股东之前，在确保完全派发优先股约定的股息前，公司不得向普通股股东分配利润。

除非发生强制付息事件，公司股东大会有权决定取消支付部分或全部优先股当年股息，且不构成公司违约。强制付息事件是指在股息支付日前12个月内发生以下情形之一：

①公司向普通股股东支付股利（包括现金、股票、现金与股票相结合及其他符合法律法规规定的方式）。

②减少注册资本（因股权激励计划导致需要赎回并注销股份的，或通过发行优先股赎回并注销普通股股份的除外）。

（2）股息支付方式。公司以现金方式支付优先股股息。

本次发行的优先股采用每年支付一次的付息方式。计息起始日为公司本次优先股发行的缴款截止日。

每年的付息日为本次优先股发行的缴款截止日起每满一年的当日，如该日为法定节假日或休息日，则顺延至下一个工作日，顺延期间应付股息不另计孳息。

优先股股东所获得股息收入的应付税项由优先股股东根据相关法律法规承担。

（3）固定股息累积方式。本次发行的优先股采取累积股息支付方式，即在之前年度未向优先股股东足额派发股息的差额部分累积到下一年度，且不构成违约。

2.参与剩余利润分配的方式

优先股股东按照约定的股息率分配股息后，不再同普通股股东一起参与剩余利润的分配。

优先股的相关规定

《中华人民共和国公司法（2023年修订）》对优先股作了以下规定：

1.可按照公司章程发行优先股

第一百四十四条　公司可以按照公司章程的规定发行下列与普通股权利不同的类别股：优先或者劣后分配利润或者剩余财产的股份；国务院规定的其他类别股。

2.优先股股东的表决权限制

第一百一十六条　股东出席股东会会议，所持每一股份有一表决权，类别股股东除外。公司持有的本公司股份没有表决权。

股东会作出修改公司章程、增加或者减少注册资本的决议，以及公司合并、分立、解散或者变更公司形式的决议，应当经出席会议的股东所持表决权的三分之二以上通过。

3.优先股股东会议决议的条件

第一百四十六条　发行类别股的公司，有本法第一百一十六条第三款规定的事项等可能影响类别股股东权利的，除应当依照第一百一十六条第三款的规定经股东会决议外，还应当经出席类别股股东会议的股东所持表决权的三分之二以上通过。

公司章程可以对需经类别股股东会议决议的其他事项作出规定。

发行优先股，除需符合《中华人民共和国公司法》的规定外，还需要

《中华人民共和国证券法》《国务院关于开展优先股试点的指导意见》《优先股试点管理办法》等法律法规及规范性文件的有关规定。

一致行动人：确保所有股东在决策时采取相同立场

一致行动人是指公司股东通过协议、其他安排，与其他公司共同控制其所能支配的公司股份表决权数量的行为或者事实的人。一致行动人协议通常上市公司运用得较多，目的是解决初期股权设计不合理或因资本引入，导致股权分散，公司创始团队控制权受影响等问题的补救措施。

TCL集团创始人兼CEO李东生就是采用一致行动人协议保住了自己对公司的控制权。2017年，TCL股权高度分散，李东生仅持股5.23%，投票决策权低，公司控制权转移指数非常高。这年5月，李东生与东兴华瑞、九天联成签订一致行动人协议，东兴华瑞与九天联成将自己持有的TCL集团股东权益交由李东生代为行使，三者合计持股比例12.29%，李东生投票权跃居第一，重新拿回了TCL控制权。

一致行动人的认定

如何判断一致行动人？《上市公司收购管理办法（2020年修正）》第八十三条规定：

在上市公司的收购及相关股份权益变动活动中有一致行动情形的投资者，互为一致行动人。如无相反证据，投资者有下列情形之一的，为一致行动人：

（一）投资者之间有股权控制关系；

（二）投资者受同一主体控制；

（三）投资者的董事、监事或者高级管理人员中的主要成员，同时在另一个投资者担任董事、监事或者高级管理人员；

（四）投资者参股另一投资者，可以对参股公司的重大决策产生重大影响；

（五）银行以外的其他法人、其他组织和自然人为投资者取得相关股份提供融资安排；

（六）投资者之间存在合伙、合作、联营等其他经济利益关系；

（七）持有投资者30%以上股份的自然人，与投资者持有同一上市公司股份；

（八）在投资者任职的董事、监事及高级管理人员，与投资者持有同一上市公司股份；

（九）持有投资者30%以上股份的自然人和在投资者任职的董事、监事及高级管理人员，其父母、配偶、子女及其配偶、配偶的父母、兄弟姐妹及其配偶、配偶的兄弟姐妹及其配偶等亲属，与投资者持有同一上市公司股份；

（十）在上市公司任职的董事、监事、高级管理人员及其前项所述亲属同时持有本公司股份的，或者与其自己或者其前项所述亲属直接或者间接控制的企业同时持有本公司股份；

（十一）上市公司董事、监事、高级管理人员和员工与其所控制或者委托的法人或者其他组织持有本公司股份；

（十二）投资者之间具有其他关联关系。

一致行动人应当合并计算其所持有的股份。投资者计算其所持有的股份，应当包括登记在其名下的股份，也包括登记在其一致行动人名下的股份。

投资者认为其与他人不应被视为一致行动人的，可以向中国证监会提供相反证据。

一致行动人如何被认定为能实际控制公司

签署一致行动人协议的目的是把握住对公司的控制权，那么，一致行动人如何才能被认定为能实际控制公司，成为公司真正的掌权者呢？《中华人民共和国公司法（2023年修订）》第二百六十五条规定：

（二）控股股东，是指其出资额占有限责任公司资本总额超过百分之五十或者其持有的股份占股份有限公司股本总额超过百分之五十的股东；出资额或者持有股份的比例虽然低于百分之五十，但依其出资额或者持有的股份所享有的表决权已足以对股东会的决议产生重大影响的股东。

（三）实际控制人，是指通过投资关系、协议或者其他安排，能够实际支配公司行为的人。

《上市公司收购管理办法（2020年修正）》第八十四条规定：

有下列情形之一的，为拥有上市公司控制权：

（一）投资者为上市公司持股50%以上的控股股东；

（二）投资者可以实际支配上市公司股份表决权超过30%；

（三）投资者通过实际支配上市公司股份表决权能够决定公司董事会半数以上成员选任；

（四）投资者依其可实际支配的上市公司股份表决权足以对公司股东大会的决议产生重大影响；

（五）中国证监会认定的其他情形。

一致行动人协议的签署要点

采取一致行动的主要目的是明确、稳定公司的控制权,因此在签署《一致行动人协议》时,需要关注以下几个要点:

(1)参与股东。参与签订一致行动人协议的股东不一定非得是公司大股东,其他小股东为保证对公司的影响力也可签订该协议。比如某股份公司在上市前,其中47名小股东签订了一致行动人协议,其合计持有该公司6000万股股份,占总股本的50%,与另一名大股东共同控制公司。

(2)持股数额。一致行动人的持股数量需要合并计算,也就是所有参与到一致行动中的股东所持股份的总数。因此在确认一致行动人协议时一定要明确各股东持有公司股份的数额。

(3)签署目的。一般来说,签订一致行动人协议其目的主要有三个,如图5-4所示。

▶ 为明确、维护公司实际控制权的稳定

▶ 第二、第三大股东为获得公司实际控制权

▶ 中小股东为保护自身利益而绑定到一起以获取话语权

图5-4 签署一致行动人协议的三个目的

(4)一致权利。一致权利主要有以下4种:①行使股东大会的表决权;②向股东大会行使提案权;③行使董事、监事候选人提名权;④行使召集股东会会议的召集权。

(5)形成方式。在一致行动人协议中应明确一致表决意见形成的方式,且约定方式可以根据实际情况决定。一般是将权利全部交由委托人,但未保证风险应先在一致行动人内部形成一致决议。如果意见不一致,则

可以采取以下三种方式解决分歧：

①直接明确以哪一协议主体意见为准；

②以一致行动人中持股较多的股东意见为准；

③按行动人内部持股数多少表决，少数服从多数。

一致行动人协议模板

一致行动人协议

甲方：_____（身份证号码：_____）

乙方：_____（身份证号码：_____）

丙方：_____（身份证号码：_____）

丁方：_____（身份证号码：_____）

以上合称为"各方"

鉴于：

（1）甲方为×××股份有限公司（"公司"）的股东，占____%的股份；乙方为公司的股东，占____%的股份；丙方为公司的股东，占____%的股份；丁方为公司的股东，占____%的股份。

（2）为保障公司持续、稳定发展，提高公司经营、决策的效率，各方拟在公司股东大会中采取"一致行动"，以共同控制公司。

为此，各方经友好协商，就各方在公司股东大会会议中采取"一致行动"事宜进一步明确如下：

1."一致行动"的目的

各方将保证在公司股东大会会议中行使表决权时采取相同的意思表示，以巩固各方在公司中的控制地位。

2."一致行动"的内容

各方在公司股东大会会议中保持的"一致行动"是指，各方在公司股东大会中通过举手表决或书面表决的方式行使下列职权时保持一致：

（1）共同提案；

（2）共同投票表决决定公司的经营计划和投资方案；

（3）共同投票表决制订公司的年度财务预算方案、决算方案；

（4）共同投票表决制订公司的利润分配方案和弥补亏损方案；

（5）共同投票表决制订公司增加或者减少注册资本的方案以及发行公司债券的方案；

（6）共同投票表决聘任或者解聘公司经理，并根据经理的提名，聘任或者解聘公司副经理、财务负责人，决定其报酬事项；

（7）共同投票表决决定公司内部管理机构的设置；

（8）共同投票表决制定公司的基本管理制度；

（9）在各方中任何一方不能参加股东大会会议时，应委托另一人参加会议并行使投票表决权，如各方均不能参加股东大会会议时，应共同委托他人参加会议并行使投票表决权；

（10）共同行使在股东大会中的其他职权。

3."一致行动"的延伸

（1）若各方内部无法达成一致意见，各方应按照_____方的意向进行表决；

（2）各方承诺，如其将所持有的公司的全部或部分股权对外转让，则该等转让需以受让方同意承继本协议项下的义务并代替出让方重新签署本协议作为股权转让的生效条件之一；

（3）如果任何一方违反其作出的前述承诺（任何一条），必须按照其他守约方的要求将其全部的权利与义务转让给其他守约方中的一方、两方或多方，其他守约方也可以共同要求将其全部的权利与义务转让给指定的第三方。

4. "一致行动"的期限

自____年____月____日至____年____月____日止。

5. 协议的变更或解除

（1）本协议自各方在协议上签字盖章之日起生效，各方在协议期限内应完全履行协议义务，非经各方协商一致并采取书面形式，本协议不得随意变更；

（2）各方协商一致，可以解除本协议。

上述变更和解除均不得损害各方在公司中的合法权益。

6. 争议的解决

本协议出现争议，各方应通过友好协商解决，协商不成应将争议提交给××仲裁委员会按当时有效的仲裁规则在××地点解决。

7. 管辖的法律

本协议以及甲、乙、丙、丁四方在本协议项下的权利和义务受中国法律管辖。

8. 本协议一式____份，各方各执____份，具同等法律效力。

签署各方：

甲方（签字）：_____

乙方（签字）：_____

丙方（签字）：_____

丁方（签字）：_____

签署日期：____年____月____日

签署地点：_____

委托投票权：把其他股东的股权汇集到自己手中

公司实际控制权的重要性不言而喻，因此对于控制权的争夺非常激烈，除了公司内部同时并存着"大股东维稳""小股东维权"两个方面的暗流，在公司外部还存在大量的潜在敌意收购者。所以不管是上市还是非上市公司，都在用各种方法维护自己的公司控制权，委托投票权就是常用的方式之一。

委托投票权是指股东通过签署投票权委托协议，将其所持有的股权表决权委托给受托方行使，需要注意，一般不包含分红权。委托投票权的行使，可以使公司的创始团队用较少的股份获取公司最大的控制权。

京东公司自2007年3月到2014年5月上市，期间共进行了9轮私募融资。在京东获得强大资金支持，成为中国电商领先企业之一的同时，也致使创始团队的股权大量流失。截至上市前，京东创始人刘强东所持股份份额合计只有23.1%，如果从持股比例来说，这个份额还未达到实际控制认定线。

虽然股份少，但刘强东依然是京东的实际控制人，原因就在于他通过行使委托投票权，与外部风险投资机构签订了协议，要求获准进入京东的风险投资人将投票权委托给自己。因此，在京东上市前，刘强东拥有了超过50%的表决权，成为京东实际控制人。

委托投票权的相关规定

大企业、小公司纷纷将委托投票权作为自己实现公司融资并保证控制权的实用工具，原因在于相关法律对"委托投票权"有明确的规定，使其在有效的同时，还合法合规，减少了法律风险。

《中华人民共和国公司法（2023年修订）》第一百一十八条　股东委托代理人出席股东会会议的，应当明确代理人代理的事项、权限和期限；代理人应当向公司提交股东授权委托书，并在授权范围内行使表决权。

《上市公司章程指引》第六十一条　股东出具的委托他人出席股东大会的授权委托书应当载明下列内容：

（一）代理人的姓名；

（二）是否具有表决权；

（三）分别对列入股东大会议程的每一审议事项投赞成、反对或弃权票的指示；

（四）委托书签发日期和有效期限；

（五）委托人签名（或盖章）。委托人为法人股东的，应加盖法人单位印章。

《上市公司收购管理办法》第五条　收购人可以通过取得股份的方式成为一个上市公司的控股股东，可以通过投资关系、协议、其他安排的途径成为一个上市公司的实际控制人，也可以同时采取上述方式和途径取得上市公司控制权。收购人包括投资者及与其一致行动的他人。

《上市公司股东大会规则》第二十条第三款　股东可以亲自出席股东大会并行使表决权，也可以委托他人代为出席和在授权范围内行使表决权。

委托投票权的委托范围

一般来说，委托投票权委托的是投票权、表决权，不包括知情权、分红权、收益权，或是法律法规、公司章程约定的其他股东权利。委托范围如果比较笼统，可以在协议中进行详细说明，比如以下某股东签署的委托投票权的委托权利范围：

（1）提议召开股东大会的权利；

（2）接受任何关于股东大会召开及议事程序的通知的权利；

（3）参加股东大会，签署与股东大会表决相关的任何文件；

（4）行使股东表决权，包括但不限于章程规定的任何权利；

（5）对公司董事、监事选举或罢免议案进行投票的权利；

（6）签署并行使上述权利相关的股东决议书及任何需要以股东名义权属的文件的权利。

委托投票权的委托期限

如何设置委托投票权的委托期限？可以参考以下三种约定方式：

一是可约定固定期限，如三年；

二是约定无期限，如委托期限直至委托方不再持有目标股权之日止；

三是条件触达期限，约定达到一定条件后，比如损害公司利益。

委托投票权协议

甲方（委托方）：_____ 身份证号码：_____ 住所：_____

乙方（受托方）：_____ 身份证号码：_____ 住所：_____

鉴于本协议签署之日，甲方、乙方均为_____公司（以下简称公司）的在册股东，分别持有公司_____%和_____%的股权。甲方自愿将其所持有的公司股权对应的全部表决权委托给乙方行使。为了更好地行使股东的权利，甲乙双方经友好协商，达成以下协议：

第一条　委托事项

1. 在本协议有效期内，依据公司法及届时有效的章程，甲方委托乙方行使包括但不限于如下权利（委托权利）：

（1）召集、召开和出席公司的股东会会议；

（2）代表甲方依据公司法或公司章程规定行使表决权。

2. 本协议的签订并不影响甲方对其持有的公司股权所享有的收益权、处分权（包括但不限于转让、质押等）。

3. 本协议生效后，乙方将合计持有公司＿＿＿％的股权对应的表决权，乙方应在本协议规定的授权范围内谨慎勤勉地依法履行委托权利；超越授权范围行使表决权给甲方造成损失的，乙方应对甲方承担相应的责任。

第二条　委托期限

1. 本协议所述委托表决权的行使期限，自本协议生效之日起至＿＿＿止。但是如出现以下情况，经甲方书面通知，本协议可提前终止：

（1）乙方出现严重违法、违规及违反公司章程规定的行为；

（2）乙方出现严重损害公司利益的行为。

2. 本协议经双方协商一致可解除，未经双方协商一致，任何一方均不得单方面解除本协议。本协议另有约定的除外。

第三条　委托权利的行使

1. 甲方承诺并同意将就公司股东会议审议的所有事项与乙方保持一致的意见。针对具体表决事项，甲方将不再出具具体的《授权委托书》。

2. 甲方将为乙方行使委托权利提供充分的协助，包括在必要时（如为满足政府部门审批、登记、备案所需报送文档之要求）及时签署相关法律文件，但是甲方有权要求对该相关法律文件所涉及的事项进行充分了解。

3. 在乙方参与公司相关会议并行使表决权的情况下，甲方可以自行参加相关会议但不另外行使表决权。

4. 本协议期限内因任何原因导致委托权利的授予或行使无法实现，甲乙双方应立即寻求与无法实现的约定最相近的替代方案，并在必要时签署补充协议，修改或调整本协议条款，以确保可继续实现本协议之目的。

第四条　免责与补偿

在任何情况下，乙方都不得因受委托行使本协议项下约定的表决权而被要求对任何第三方承担任何责任或作出任何经济上的补偿。但如系有证据证明由于乙方故意或重大过失而引起的损失，则该等经济损失应予以补偿。

第五条　违约责任

如甲方违反本协议约定的，应承担相应的违约责任，包括但不限于赔偿乙方及公司因此形成的损失。如乙方利用甲方委托其行使的表决权作出有损公司或甲方合法权益的，乙方应承担相应的违约责任，包括但不限于赔偿甲方及公司因此形成的损失。

第六条　保密义务

1. 甲、乙双方认可并确定有关本协议及准备或履行本协议而交换的任何口头或书面数据均被视为保密信息。一方未经另一方书面同意擅自向任何第三方披露前述保密信息的，违约方应赔偿守约方由此而受到的全部损失，并且守约方有权单方面解除本协议。

2. 本条所述保密义务不受本协议期限约束，一直有效。

第七条　委托权转让

未经甲方事先书面同意，乙方不得向任何第三方转让其本协议下的任何权利或义务。

第八条　争议解决

因本协议引起的纠纷，由双方协商解决。如协商不成，任何一方有权诉至公司所在地人民法院。

第九条　生效及其他

1.双方确认，已经仔细审阅过本协议的内容，并完全了解协议各条款的法律含义。

2.本合同自双方签字之日起生效。本协议一式两份，甲、乙双方各执一份，具有同等的法律效力。

甲方（签字）：_____　　乙方（签字）：_____

_____年___月___日　　　　_____年___月___日

第六章
股权融资：别融到钱却丢了公司

在当今日益复杂的商业环境中，公司或为了脱颖而出，或为了继续发展壮大，都需要强大的资金支持，因此，大多数公司都采取了股权融资的方式来获得所需的充裕的资金。然而，股权融资虽然带来了公司发展所需要的资金，同样也带来了丢失公司控制权的隐患。所以，如何通过股权融资筹集到资金又能持续、稳定地控制公司，是每一个创业者都需要深思的问题和掌握的能力。

遵守融资原则，就不会被别人拿走控制权

企业在初创、成长、稳定甚至衰退的各个阶段，均需要大量的资金支持，而且，在发展过程中，企业总会面临不确定性的风险，而充足的现金流可以说是抵御风险的有力武器。然而，一些创业者因为害怕失去对公司的控制权，对融资采取了消极的态度。"因噎废食"是极不可取的行为，实际上，只要遵循股权融资的基本原则，别人就拿不走你手中的控制权。

曾经的电商巨头1号店只是进行了一次股权融资，就接连发生了控制权被夺、创始人离职等事件，最终导致其在2017年全平台停止服务以及被并入京东的结局。1号店的案例足以证明，不合理的股权融资行为带来的负面影响有多大。

2008年，国际金融危机外加业务扩张需要，1号店遇到了资金短缺的问题，因此决定以80%的股权换取8000万元的融资额。如果没有其他配套措施，这80%的股权就意味着对方不仅获得1号店的极大分红权，还获得了1号店的决策控制权。根据《中华人民共和国公司法（2005年修订）》："股东会会议作出修改公司章程、增加或者减少注册资本的决议，以及公司合并、分立、解散或者变更公司形式的决议，必须经代表三分之二以上表决权的股东通过。"非常明显，1号店的两位创始人已经失去了手中的控制权，尔后不久，两位创始人的离职也证明了这一点。

由此可见，公司融资时一定要遵循相关原则，才能在融到资金的同时

又不致丢失公司控制权。

原则一：有需求才融资

部分创业者之所以因为融资而失去控制权，本质原因是其不管有没有资金需求，在看到诱人的投资额时，就禁不住诱惑而去盲目融资。这类创始人忽略了只要融资就有可能导致股权比例稀释加大，进而影响其话语权与后续融资。因此，要想牢牢掌握对公司的控制权，就要学会克制欲望，有需要时才融资。如此，才能把融资的主动权掌握在自己手中，并有策略地去识别那些能满足自己融资需求却又不影响自己控制权的理想投资人。

原则二：在能掌握控制权的前提下融资

控制权不是亘古不变的事物，随着融资的进行，控制权或多或少都会发生变化。因此，创业者如果想要融资，就必须在能掌握控制权的前提下进行。而要想把握好这个前提，需注意两点，如图6-1所示。

01 做好融资规划，确定在多轮融资后，其稀释的股权比例也不会影响控制权

02 即使要以股权份额换取融资，也要采取"能以小股份掌握大控制权"的配套措施

图6-1 不影响控制权进行融资的两个注意点

原则三：不要采取"一次到位"的融资方式

股权融资的工作非常烦琐复杂，因此在实践中，不少公司创始人不想费心费力，索性要么不融资，要么就一步到位。其实这样同样不可取，原因有三：

一是长期资金需求评估难度较大，尤其是创业型公司，因为不同发展阶段对资金的需求不同。比如启动阶段只需要 1000 万元的天使资金，快速发展阶段可能就需要 1 亿元……在真实的资金需求体现出来之前，任何人都无法预估公司从创始到发展成熟需要多少资金。

二是股权投资行业难以实现一次性投资。投资人非常理性，一般不会对一家还未能完全确定未来的公司进行大笔的一次性投资，因为风险非常大。所以一般都会在第一轮投入少量的资金试水，等确定其发展前景后再参与到下一轮的目标公司融资中。

三是对控制权稳定不利。融资的对价是股权，融资金额越大，需要给出的股权越多，一次性融资金额数量过大，轻者导致原始股东利益受损，重则导致创始团队控制权旁落。

原则四：不要只用股权融"钱"

虽然资金对公司的发展极为重要，但"资源"也同样重要。因此，在进行股权融资时，要从更深层次的角度来思考如何实现"资金与资源"的平衡，从而更好地推动公司的盈利与成长。

比如某电商公司，尽管它在成立初期也急需融资，但只要了对方 3000 万美元的资金，即使对方想追加投资，也被其创始人拒绝。之所以如此，是因为该电商公司创始人想要用余下的股份去换取能为公司带来更好发展的宝贵资源，如人才资源、海外资源等。

提前做好融资规划

股权融资的过程相当复杂烦琐，同时存在各种风险隐患。因此，在决定融资前，企业一定要做好充分的准备，比如股权融资规划。股权融资规划是指企业在筹备股权融资前，对融资目标、融资股份、融资方式、融资时机、投资者选择等与融资有关的各个方面进行全面、系统的规划安排。

比如，2018年，张某成立了一家智慧未来科技有限公司。公司成立后，凭借着独特的技术优势，迅速在行业内崭露头角。为了进一步打开市场，张某计划为公司进行一次融资，此次的融资非常顺利。但没想到的是，随着市场竞争的加剧，张某融到的资金不到半年就消耗殆尽了。为了继续维持公司在市场的领先地位，张某又迅速展开了第二轮融资。但这次融资因为准备不充分、时间紧迫，因此只能用大比例的股权换取融资资金。张某此次也很顺利地融到了所需的资金，但是他手中的股权却从67%下降到了33%，失去了公司第一大股东的位置，公司控制权发生了转移。在经过后续的几轮融资后，张某的股份被稀释得越来越少，最终不仅失去了对公司的控制权，甚至还被新的实际控制人"踢出公司"，成为公司一名普通的小股东。

股权融资规划的作用

做好股权融资规划，能起到三个方面的作用，具体如图6-2所示。

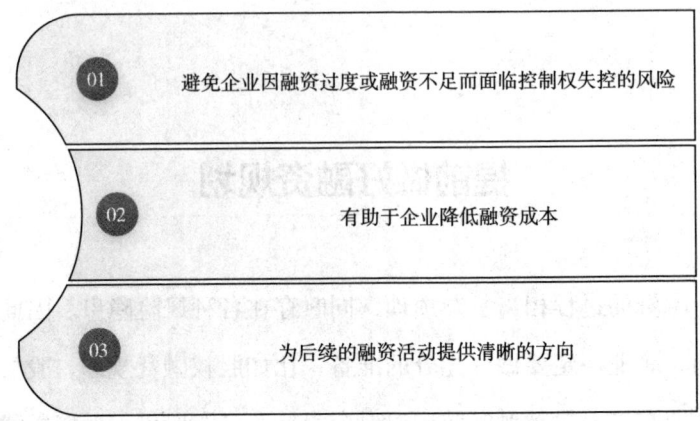

图6-2 做好融资规划的三个作用

股权融资需求的确定

股权融资需求的确定需考虑以下三点：

（1）明确企业内外部环境。内部：企业的财务情况、经营情况、盈利能力、发展潜力、未来发展方向、产品研发或是市场扩张的进度。外部：企业所在行业的整体环境、发展趋势、市场竞争情况、政策环境、市场规模。

（2）评估企业资金需求。需要根据企业的发展战略、投资计划，预测企业未来3个月到1年内的资金需求，然后评判企业现有的资金与预测资金需求的差距，以此来确定资金缺口（即可进行股权融资的资金额度）的大小。

（3）明确融资比例。这需要考虑到自身股权结构，要确定融资比例多少会对控制权产生影响，最好的比例是既能满足企业的资金需求，又不会稀释原始股东股权。

制订融资计划的要点

明确融资需求后，就需要着手制订融资计划，其中需重点考虑的点如下：

（1）明确融资方式。根据企业的实际情况与市场环境，选择适合的股权融资方式，如公开发行股票、私募融资或其他方式。

（2）融资时间安排。这包括融资启动时间、完成时间，在确定时间长度时，需考虑市场变化以及资金需求的大小。

（3）融资资金用途。需详细说明融资资金的用途，确保资金的有效利用，以提升投资人的信心。

（4）展示企业价值。要让投资人看到公司未来的发展潜力，包括让其了解企业财务情况、经营状况、市场前景、当下市场规模、产品优势、管理团队……可以让投资人通过了解这些预估到投资企业的高价值回报，从而对投资企业充满信心。

规划融资需考虑的问题

在进行融资规划时，要考虑这样几个问题：首先，绝大部分的企业都不可能只融一次资，尤其是需要快速成长的新型企业。从天使轮到上市，可能需要进行五六轮的融资，甚至更多。所以，企业的融资规划不仅需要考虑当下的一次，还需要规划未来的融资。其次，如果企业要继续进行融资，要怎么做才能不在后续的融资中逐步失去对企业的控制权？再次，用来对价的股权要保留多少才是安全线？最后，大概率要进行几次融资？这些都是创业者们在进行融资规划时需要考虑的问题。

找对投资人，避雷"投资陷阱"

跟随中国市场快速成长起来的，还有风险投资市场，甚至有"遍地都是投资机构，人人都是风险投资人"这种显得夸张的说法。而越庞大的风险投资市场，情况就越复杂。投资骗局很多，被风险投资人夺走企业控制权的案例更不在少数。所以，在投资人为降低风险对目标投资企业做尽职调查时，创业者对于投资人也要多做了解，防止上述情况的发生。

为什么不能"有钱就拿"？

对投资人要进行充分了解，而不是"有钱就拿"，除了担心被"骗"外，被"抢夺控制权"，还有以下几个方面的考虑：

第一，资金的长短期。要判断投资人的钱是长期资金、专有资金，还是要求高效率、高回报的资金。一家企业从成立到有所回报，是需要经过一定的时间的，少则三年，长则十年。如果投资人要求短期高额的回报，那么这种投资资金绝对不能要。因为正处于发展关键期的企业，一旦被抽离大量资金，就会造成致命伤害。

第二，除了钱之外的经验与资源。企业在发展过程中，不仅需要钱，还需要经验与资源。因为企业从弱小发展壮大的过程中总会遇到一些通性问题，有经验的投资人会提醒创业者小心这些风险，帮助创业者少走弯路。更有甚者，投资人为了能获取更高额的投资回报，会利用自身资源帮助企业发展。所以，在接触投资人前，可以先调查投资人除了资金之外还能为企业带来什么。

第三，避免控制欲太强的投资人。有些投资人虽然无意与创业者抢夺公司控制权，但是本身性格原因，所以有较强的控制欲，喜欢将自己的想法强加给公司，经常对公司的经营指手画脚，认为自己已经获得了成功，所以自己的经验是可行、可复制的。针对这种情况，开展尽职调查可有效避免。

需要"避雷"的投资人类型

在找投资人之前，我们一定要先了解什么样的投资人不能找。一般来说，需要"避雷"的投资人主要有以下几种类型：

（1）不专业。并不是说有高等教育背景的投资人就是专业投资人，所以不要被投资人五花八门的履历表所迷惑。投资人的专业性体现在两个方面，如图6-3所示。

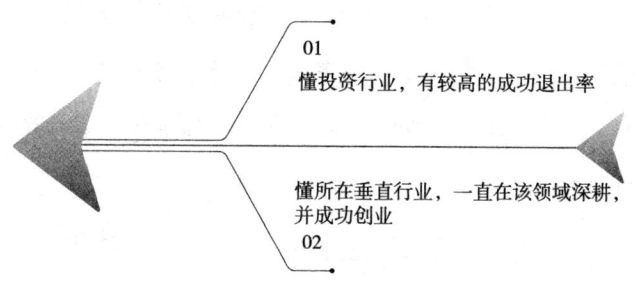

图6-3　投资人专业性的两大体现

（2）不干事。有很多"骗吃骗喝"的投资人，虽然确实是投资人，但喜欢打着尽职调查的名义让创业者接待，仅这一方面就花费数十万元甚至更高。实际上，真正专业的投资人在忙着找新的投资机会，也在忙着让已投资企业获得成功，是不愿意也没有这么低的格局让创业者掏腰包供自己吃喝玩乐的。

（3）不尊重。真正的投资人是非常谦逊且尊重创业者的。投融资是互惠互利的事，双方是平等的，所以高高在上、盛气凌人的投资人是很难长期共事的，也无法同企业创始人齐心协力面对快速而残酷的市场竞争。

（4）不夺权。现实中，有不少创业者被投资人"夺走控制权"，所以做尽职调查时，一定要看其过往的投资案例，是否有类似事情发生。

（5）不共难。这指的是投资者往往只关注短期利益，因此可能会为了追求高回报而忽视公司的长期发展与价值，甚至可能会在公司遇到困难时迅速撤离，让公司的情况雪上加霜。

（6）不诚信。有些投资人会承诺提供资金、资源或者其他支持，但却无法按所承诺的时间或方式提供。

（7）不稳定。有些投资人会根据市场变化频繁调整投资策略，这可能会对公司的战略规划和长期发展造成较大的影响。

（8）不匹配。投资人的轮次、金额、投资偏好与自己的企业不匹配。比如，企业正处于初创阶段，知名度小，所需发展资金少，而这时给企业投资的却是资金实力异常雄厚的投资者；或者，企业正处于快速发展期，需要大量的资金，此时给企业投资的却是进行种子轮、天使轮投资的投资人，这显然也不匹配。

（9）不冲突。这是指要找与企业创业人或者企业经营理念一致的投资人，不同的投资人的性格、风格、观念都不同，差异太大，双方在合作过程中必然会出现较大的冲突，不利于公司发展的稳定性。

在合理的条件下把公司估值做大

估值，是股权融资过程中一项极为重要的工作，是公司价值的反映，直接影响着融资额的高低。因为关系着最重要的结果，所以融资过程也极为复杂，需要考虑的方方面面有很多。不过，无论做哪些工作，其最终的目的都是"在合理的条件下把公司估值做大"。

比如，国家电投集团氢能科技发展有限公司在进行 B 轮融资时，融资金额达到了 45 亿元，是当时国内氢能行业单轮融资规模最大的股权融资，其 B 轮融资投后估值达 130 亿元。

又比如，创立于 2020 年末的智己汽车，其创始阶段的融资就达到了 100 亿元，首轮市场化融资顺利完成后，智己汽车投后估值接近 300 亿元。

找一个最适合自己的估值方法

给公司估值的方法有很多，但并不是每一种都适合。总的来说，公司估值的方法可分为以下两大类：

1. 相对估值法

相对估值法，是指在为目标公司进行估值时，选择可参照的公司作为可比公司，以可比公司价值与某一关键变量之间的比例关系为基础，在此基础上计算目标公司的估值，因此也被称为可比公司法。

因为公司价值可以与不同的财务指标或其他关系指标进行比较而形成关系，所以相对估值法可以分为四类，具体如图 6-4 所示。

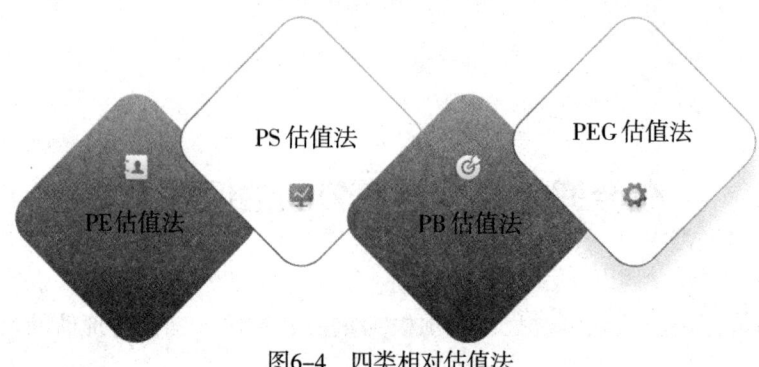

图6-4 四类相对估值法

需要注意的是,在运用相对估值法时,在选择可比公司时,尤其是初创企业,最好不要用上市公司行业值来估算。首先,双方的发展程度不同,企业的价值也不同;其次,双方在未来增长空间和速度方面不同。因此,在选择可比公司时,要选择与公司一致的公司,如同行业、同规模、同发展阶段。

2. 绝对估值法

这种估值方法关注的是公司的内在价值,是对未来贴现的一种估值,通过预测和分析企业未来的现金流和利润来评估其当前的价值,而不是与市场上其他企业或市场的价格进行对比。一般采取以下两种方式:

(1)贴现现金流量估值法。贴现现金流量估值法,是指把公司未来特定时间内的预期现金流量还原为当前现值的一种估值方法,其应用的前提条件是,公司经营有规律,且这个规律可预测,如经营环境的稳定、公司经营的稳定等。

(2)股权自由现金流量估值法。股权自由现金流量估值法,是指在扣除经营费用、税收、本息偿还以及保障预计现金流增长要求所需要的全部资本性支出后的现金流。

三个方法做大公司估值

没有创业者不想公司高估值,因为这代表自己可以用最少的股份融到最多的资金。但高估值并不是自己说了算,也不是可以"虚假构造"出来的,但这也并不代表没有合理合法的方法来获得高估值,例如以下的方法:

方法一,供需关系紧张。这与创业者的公司所处行业是蓝海还是红海有极大的关系,创新强、市场空白大、竞争者少的市场,最受投资者喜欢。而有这类市场特征的投资项目越来越少,在物以稀为贵的情况下,创业者自然就掌握了议价的主动权,可以对公司作出较高的估值。

方法二,扩大市场潜力。这是指公司产品所具有的市场潜力的大小,但市场潜力并不是一成不变的,某些项目可能当时的市场小,但在发展过程中会出现更大更新的市场。比如某共享单车,最初的市场只是在大学校园,后发现全国各大城市都适用。这个庞大的市场,让企业打破了融资额度纪录。

方法三,做好财务数据。投资人对公司的估值,一般都是根据公司的各种数据进行,尤其是对比较成熟的公司。所以,把财务数据做好,公司的估值自然就会更高。对此需要重点关注以下数据:

(1)自由现金流。如果自由现金流过低,且与同行业公司不相称,那么就会有较大的投资风险。

(2)经营现金流。如果是负数,则代表公司入不敷出。

(3)现金循环周期。如果现金循环周期越长,那么出现资金链断裂的风险就越大。

(4)毛利率。这是衡量公司盈利能力的重要指标,毛利率越高,代表公司控制成本的能力越强，公司的盈利自然也就越强。

（5）流动比率。流动比率即衡量公司流动资产在短期债务到期之前可变为现金用于偿还债务的能力。这个比率越高，说明公司资产的变现能力越强，短期偿债能力就越强，其所代表的安全系数也就越高。

把握不同阶段的融资关键点

前文有述，公司概念形成到完成上市，期间需要经过多轮融资。每一轮融资，创业者需要解决的问题、所面临的困难都不相同。因此，创业者需要把握每个阶段的融资关键点，找到每轮融资的正确方向，如此才能确保公司能顺利完成每轮融资，并在融资资金的帮助下稳健前行。

概念期：种子轮

概念期的公司还未形成，只是一个概念。因为概念可行，但形成实体需要资金支持，所以需要寻求种子轮融资的支持。但技术风险、市场及盈利风险极高，很少有投资人愿意投资，即使投资，资金介入也极低。虽然如此，仍有眼光卓越者愿意投资，不过这需要创业者做好以下几方面的工作：

（1）确定所要开发的产品或服务具有商业可行性；

（2）对开发的产品和服务进行风险评估，且得出较低的风险值；

（3）建立初步的创业核心团队及管理模式。

大部分创业者此时都没什么经验，因此种子轮的投资人需要具备三个特质，如图 6-5 所示。

- 愿意放下自己的身份和地位与创业者对话
- 愿意与创业者分享自己的经验
- 能在创业者遇到困难时提供帮助

图6-5 种子轮投资人需具备的三个特质

初创期：天使轮

获得种子轮的发展资金后，概念就变成了一个"公司"，但公司想作出成绩，还需要市场。如果种子轮资金较少，但市场发展的速度较快，那么就需要进行天使轮融资，以助力公司能在最短时间内占领市场。与概念期的种子轮投资大多数是富有的个人投资不同，初创期已经有了较为完整的商业模式，对未来盈利有了一定的预判，因此此时的投资人除了个人，还会有机构的参与。

虽然天使轮有成型的商业模式，但还是处于初创阶段，价值并未得到验证。因此。这个阶段投融双方都不知道该如何估值，要用多少股权换取多少资金。所以，对于创业者来说，天使轮融资最重要的是要避免出让极大股权比例才能换取目标金额，最后失去公司控制权的风险发生。因此，天使轮融资之前，一定要做好这几个方面的工作，才能对公司价值有一定的把握，从而确定要出让多少股权换取目标融资金额，如图 6-6 所示。

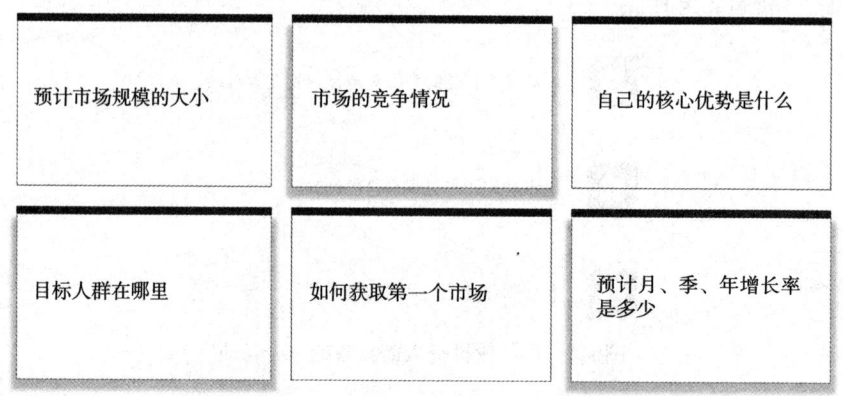

图6-6 天使轮融资前需做好的工作

成长期：A轮

创业者的产品或服务已经在市场上获得了初步的成功，有了一个较为稳定的消费基础，但之前的融资额也已经消耗殆尽。虽然此时公司已经开始初步盈利，但要进一步扩大市场，还需要大笔资金及资源的支持。因此，就需要开始进行A轮融资。

A轮股权融资的重点如下：

1. 做好市场成绩

与种子轮、天使轮更多的是欣赏好概念、好团队不同，参与A轮融资的一般是专业VC（风险投资），他们看问题更实际——以市场成绩论成败。所以，需要从市场下功夫。如果你是互联网公司，那么市场成绩主要表现在用户数量上，具体如图6-7所示。

2. 政策支持

一个市场只有被大环境支持，才能发展得更好。进入A轮的公司都有着"大发展目标"，投资者也是因为看好这一点才会投资。所以，在展现自己的公司时，一定要体现出自己公司所在的行业不但不受限，还被政策支持的一点，以及相关的、较为完善的监管制度。当然，这一切都是建立在"真实"基础上的。

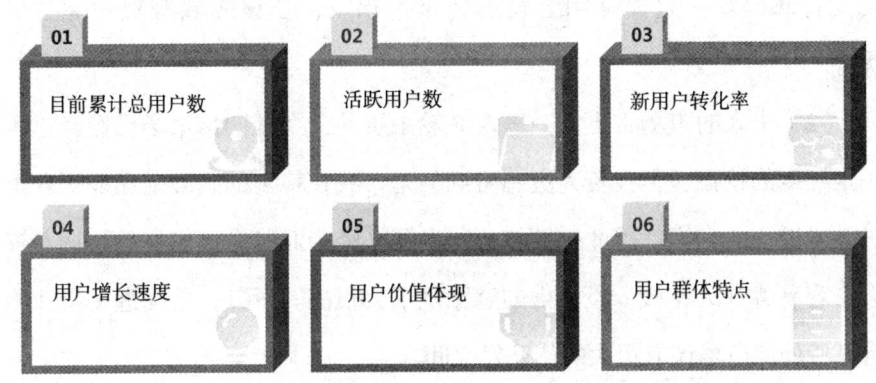

图6-7 互联网公司用户数据好的六大体现

3. 财务问题

进入成长期后，公司就有了一定的收入，因此投资人会格外关注公司的财务问题。所以，需重点关注以下几个财务数据：

（1）公司从正式运营到现在每年的总收入、每年或季度的收入如何？

（2）产品或服务的利润是多少？

（3）公司上一笔融资多久被耗光？是否有浪费情况？

发展期：B轮

公司进入发展期，其商业模式相对成熟，有数据支持，有持续收入，大部分公司已经属于细分领域或同类模式中的领先公司。此时，大型投资机构的VC就会给处于该阶段的公司提供融资需求，此时的股权融资属于B轮。B轮的融资规模相对较大，融资难度也非常高，参与的投资人数也不少。

如果公司有B轮融资需求，就需要重视自己的以下几点优势：

（1）证明自己走过拐点。新兴市场非常激烈，即使已经获得一定的市场基础，也不一定能保证自己能继续"存活"。因此，要想获得投资人青睐，就一定要证明公司已经走过拐点，在该领域有独一无二的优势。

（2）未来的市场将更大。进入 B 轮融资的公司证明该市场已经经过了一定程度的挖掘，但投资人更想看到的是，我在稳定的基础上还能否获得进一步溢价的利润。因此，即使公司发展已经相对稳定，但如果市场不够大，容易碰到天花板，投资人的意愿也不会很高。所以，需要进一步证明自己所处的市场还有很大的待开发空间。

成熟期：C轮

公司进入成熟期后，基本已经稳定，更多的公司是为了日后上市而努力。但是，很多公司无法完成上市目标，就是因为差了 C 轮这临门一脚。C 轮的股权融资工作重点如下：

（1）本源市场的可开拓性。这是指公司所处的原市场如果已经饱和，是否还能再开发本源、细分行业市场。就像美团，从外卖餐饮的本源市场开拓到了本地生活，如生鲜、药品、出行等。

（2）不要盲目高估值。有些公司估值动不动就过 100 亿元，实际上，大多数公司都很难达到这个高度。过高的估值只会打消投资人的投资意愿，因为估值过高往往与后期公司的实际发展不符，致使公司的价值增长根本达不到估值标准。所以，在估值时一定要谨慎，不要为了高融资额就过分盲目高估值。

稳定期：IPO

公司进入稳定期后，可以着手安排 IPO 的工作。完成 IPO，公司的市值倍增、投资人的收益也能得到最大限度的增长。现实中，有不少公司的投资人因为 IPO 成为亿万富翁。IPO 的价值巨大，所以也是所有融资中最难的一次融资。现实中，有很多公司几次 IPO 的结果都是折戟而归。

IPO 的工作非常复杂，其中每个小细节都可能导致失败。其主要的工作关注重点如下：

（1）选择上市的板块。你的公司适合在境内还是境外上市？是主板还是创业板？这些都需要仔细比对和审核。

（2）符合相关专业政策。不管选择在哪儿上市，都要确定自己的公司符合目标上市板块的政策，有些板块对一些行业 IPO 进行了限制。

（3）把握审核重点。每个板块审核的重点不同，可以针对目标板块需求来审核，但大多数都会关注财务情况、股权结构、独立性、持续盈利能力、信息披露……

控制权往往丢失在融资条款里

股权融资协议具有法律效力，小则一个字，大到一个条款，都可能让公司遭受巨大损失。所以签订股权融资协议时，一定要谨慎再谨慎，设计条款时更要看清其中暗藏的会影响公司控制权稳定的风险。

条款一：对赌

什么是对赌协议？《全国法院民商事审判工作会议纪要》给出定义：

股权控制顶层设计

"实践中俗称的'对赌协议',又称估值调整协议,是指投资方与融资方在达成股权性融资协议时,为解决交易双方对目标公司未来发展的不确定性、信息不对称以及代理成本而设计的包含了股权回购、金钱补偿等对未来目标公司的估值进行调整的协议。"

其基本内容是:投资方投资目标公司后,获得目标公司一定的股权,目标公司在一定的期限内完成对赌条件后行使估值调整权,获得更高的融资资金来弥补股权价值被低估的损失;反之,由投资方行使估值调整权利,来补偿其因目标公司股权价值被高估而遭受的损失。

自2002年摩根士丹利财团和蒙牛集团签订对赌协议后,这种协议被越来越多的公司和个人运用到投融资领域。需要注意的是,对赌协议虽然可以让创业者获得更高的融资金额,但风险极大,现实中有不少人因为对赌协议而失去了对公司的控制权,所以在没有充分把握的情况下不要设置对赌协议。

对赌协议的对赌标的主要有两种,具体如图6-8所示。

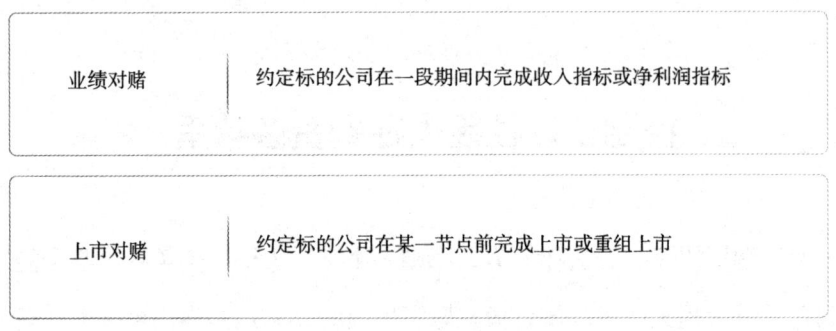

图6-8 对赌协议的两种标的

条款二:一票否决权

一票否决权条款是指股东对股东会、董事会决议的事项拥有一票否决的权利。因为与公司治理相关，这对公司的控制权、运营影响非常大，所以有些投资人会要求在股权融资协议中加入该条款，以实现自己控制或影响公司治理的目的。因此，在设计该条款时需要特别谨慎。需要注意，一票否决权的条款内容可以根据实际情况划定具体的范围，以此来保证投资人的"不越权"。

条款三：反稀释

一家公司从创立到上市，会经历多个轮次的股权融资，为保证本轮投资的价格不低于之后的轮次，以及在股权结构上防止股份价值被稀释，先前的投资人一般会在投资协议中作出反稀释的安排。

反稀释可分为以下两种：

（1）完全棘轮条款，是指目标公司后续发行股价低于先前轮次约定价格，先前轮次投资者的实际转化价格也需相应调整为新发行的价格。

（2）加权平均条款，是指调整后的转化价格是初始约定转化价格与新增发行价格的加权平均价格。

如何避免反稀释条款对公司的后续融资产生影响？可参考以下三种方法：

一是底价。后续融资低于这个底价时，反稀释条款才能生效。

二是时间。规定在某轮融资后的某个时间段之内低价融资时，反稀释条款才能生效。

三是目标。当公司达到设定的经营目标时，就可以去掉反稀释条款或者采取其他补偿措施，对因反稀释条款引起的股份稀释进行补偿。

条款四：回购权

为了提高融资率，不少创业者设置了回购权条款。但大环境的不稳定性，使得这些主动设置回购权条款的创业者后悔不已。一般来说，回购权条款是投资人退出的保障性条款。如在某个时间点前上市失败，或是公司业绩考核不达标，投资人就会要求被投资公司或创始股东以约定价格回购自己手上所持有的全部或部分股权。

《中华人民共和国公司法（2023年修订）》第八十九条　有下列情形之一的，对股东会该项决议投反对票的股东可以请求公司按照合理的价格收购其股权：

（一）公司连续五年不向股东分配利润，而公司该五年连续盈利，并且符合本法规定的分配利润条件；

（二）公司合并、分立、转让主要财产；

（三）公司章程规定的营业期限届满或者章程规定的其他解散事由出现，股东会通过决议修改章程使公司存续。

自股东会决议作出之日起六十日内，股东与公司不能达成股权收购协议的，股东可以自股东会决议作出之日起九十日内向人民法院提起诉讼。

公司的控股股东滥用股东权利，严重损害公司或者其他股东利益的，其他股东有权请求公司按照合理的价格收购其股权。

公司因本条第一款、第三款规定的情形收购的本公司股权，应当在六个月内依法转让或者注销。

第一百六十一条　有下列情形之一的，对股东会该项决议投反对票的股东可以请求公司按照合理的价格收购其股份，公开发行股份的公司除外：

（一）公司连续五年不向股东分配利润，而公司该五年连续盈利，并且符合本法规定的分配利润条件；

（二）公司转让主要财产；

（三）公司章程规定的营业期限届满或者章程规定的其他解散事由出现，股东会通过决议修改章程使公司存续。

自股东会决议作出之日起六十日内，股东与公司不能达成股份收购协议的，股东可以自股东会决议作出之日起九十日内向人民法院提起诉讼。

公司因本条第一款规定的情形收购的本公司股份，应当在六个月内依法转让或者注销。

如果无法回避增加回购权条款，创业者可以尝试通过以下方式应对：

方法一，提高触发回购权的条件，如延后公司上市得到期限，允许多轮上市尝试次数；

方法二，降低股权回购时附加高额利率，降低回购成本；

方法三，采取分期或多轮股权回购方式，降低回购压力。

条款五：优先权

优先权条款对投资人起保护作用，因此在股权投资协议中被广泛使用。优先权是指签订了该条款的股东有权优先于其他股东或他人享有协议中约定的权利，比如股权购买权、分红权、清算权、认缴权……

在众多优先权中，创业者应重点关注优先认缴权，它是指公司在发行新股时，投资方作为原始股东可以按照原持有的股份数量的一定比例优先于他人行使认购股权的权利。

《中华人民共和国公司法（2023年修订）》第二百二十七条　有限责任公司增加注册资本时，股东在同等条件下有权优先按照实缴的出资比例认缴出资。但是，全体股东约定不按照出资比例优先认缴出资的除外。比如，某公司的股权协议中关于优先认缴权条款的金额拟定为：

（1）优先认购权人应在收到拟增资通知的三十个工作日（"优先认购期限"）内，做出是否就该增资进行优先认购的决定，并书面通知公司其决定认购的增资额。优先认购期限内，各优先认购权人的拟认购增资额上限按照如下公式计算得出：

拟认购增资额上限 = 拟增注册资本 × 该优先认购权人所持的公司股权比例。

（2）在各优先认购权人未全部认购增发注册资本的情况下，公司有权在优先认购期限届满之日起九十个工作日内按照增资通知中约定的价格和条件向第三方发行未认购部分的增发注册资本。增发注册资本未在前述九十个工作日内完成的，标的公司应当根据本协议的约定重新发出拟增资通知且优先认购权人就该增资再次获得优先认购权。

第七章
公司章程：掌握控制权的隐形之手

公司章程在现代公司治理结构中占据着十分重要的地位，它是公司的"宪法"，不仅规定了公司的基本运营规则和治理结构，还承载着保护股东权益、维护控制权稳定、稳住公司发展的重要使命。因此，公司章程的内容尤为重要。

为什么公司章程能决定控制权

公司章程是指公司所必备的，规定其名称、宗旨、资本、组织机构等对内对外事务的基本法律文件。公司章程作为规范公司的组织和活动的基本规则，在公司存续期间具有重要意义。

有不少人认为公司章程只是"一纸文书"，没有作用。实际上，它的效力并不比相关的法律法规差。《中华人民共和国公司法（2023年修订）》有多项条款表明，公司章程另有规定的除外。所以，认为它"无用"的创业者只是没有意识到它的力量，也不懂怎么发挥它的作用。

现在我们先来了解为什么公司章程能决定控制权。

公司章程的五个特性决定控制权力量

公司章程具有五个特性，这也是它能决定公司控制权的根本原因，具体如图7-1所示。

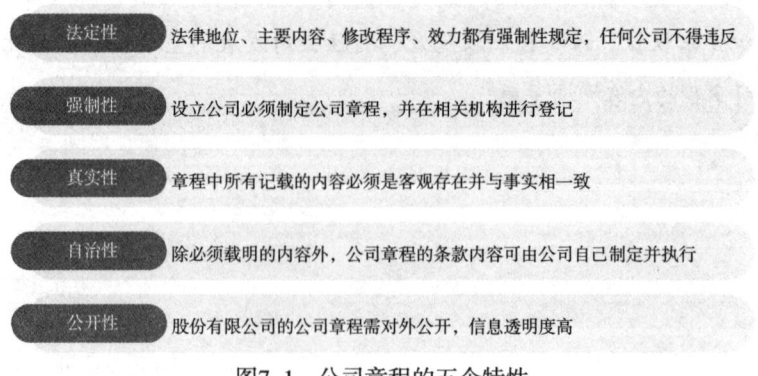

图7-1　公司章程的五个特性

《中华人民共和国公司法（2023年修订）》第五条规定："设立公司应当依法制定公司章程。公司章程对公司、股东、董事、监事、高级管理人员具有约束力。"

某国有企业改制为有限责任公司，宋某文系该公司员工，出资2万元成为公司自然人股东。公司章程规定："公司股权不向公司以外的任何团体和个人出售、转让。公司改制一年后，经董事会批准后可在公司内部赠与、转让和继承。持股人死亡或退休经董事会批准后方可继承、转让或由企业收购，持股人若辞职、调离或被辞退、解除劳动合同的，人走股留，所持股份由企业收购……""本章程由全体股东共同认可，自公司设立之日起生效。"该章程经公司全体股东签名通过。一年后，宋某文向公司提出解除劳动合同，并申请退出所持有的公司股份。经法定代表人赵某来同意，宋某文领到退出股金款2万元整。

该公司召开当年股东大会，会议审议通过了宋某文退股的申请并决议其股金暂由公司收购保管，不得参与红利分配。

随后，宋某文提起诉讼，要求确认其具有公司股东资格。

裁判结果：驳回宋某文要求确认其具有××公司股东资格的诉请。法院认为：公司章程对股东转让股权作出某些限制性规定，属于公司自治的体现，同时章程经过全体股东一致同意且经宋某文签字确认，具备法律效力。

公司章程可另行规定的内容

《中华人民共和国公司法（2023年修订）》中经常出现"公司章程另行规定，从其规定"这样的表述。由此可见，相关法律对公司拟定"公司章程条款"给予了极高的自由度。现在我们来了解一下，创业者可以在章程中自主拟定哪些内容。

1. 有限责任公司章程自主拟定内容

（1）股东会相关。

第五十九条　股东会行使下列职权：

（九）公司章程规定的其他职权。

第六十四条　召开股东会会议，应当于会议召开十五日前通知全体股东；但是，公司章程另有规定或者全体股东另有约定的除外。

第六十五条　股东会会议由股东按照出资比例行使表决权；但是，公司章程另有规定的除外。

第六十六条　股东会的议事方式和表决程序，除本法有规定的外，由公司章程规定。

（2）董事会相关。

第六十七条　董事会行使下列职权：……（十）公司章程规定或者股东会授予的其他职权。公司章程对董事会职权的限制不得对抗善意相对人。

第六十八条　董事会设董事长一人，可以设副董事长。董事长、副董事长的产生办法由公司章程规定。

第七十条　董事任期由公司章程规定，但每届任期不得超过三年。董事任期届满，连选可以连任。

第七十三条　董事会的议事方式和表决程序，除本法有规定的外，由公司章程规定。

第七十四条　有限责任公司可以设经理，由董事会决定聘任或者解聘。

经理对董事会负责，根据公司章程的规定或者董事会的授权行使职权。经理列席董事会会议。

（3）监事会相关。

第七十八条　监事会行使下列职权：……（七）公司章程规定的其他职权。

第八十一条　监事会的议事方式和表决程序，除本法有规定的外，由公司章程规定。

（4）股权转让相关。

第八十四条　有限责任公司的股东之间可以相互转让其全部或者部分股权。

股东向股东以外的人转让股权的，应当将股权转让的数量、价格、支付方式和期限等事项书面通知其他股东，其他股东在同等条件下有优先购买权。股东自接到书面通知之日起三十日内未答复的，视为放弃优先购买权。两个以上股东行使优先购买权的，协商确定各自的购买比例；协商不成的，按照转让时各自的出资比例行使优先购买权。

公司章程对股权转让另有规定的，从其规定。

第八十九条　有下列情形之一的，对股东会该项决议投反对票的股东可以请求公司按照合理的价格收购其股权：……（三）公司章程规定的营业期限届满或者章程规定的其他解散事由出现，股东会通过决议修改章程使公司存续。

第九十条　自然人股东死亡后，其合法继承人可以继承股东资格；但是，公司章程另有规定的除外。

2.股份有限公司公司章程自主拟定内容

（1）股份有限公司的设立。

第一百一十条　股东有权查阅、复制公司章程、股东名册、股东会会议记录、董事会会议决议、监事会会议决议、财务会计报告，对公司的经营提出建议或者质询。

连续一百八十日以上单独或者合计持有公司百分之三以上股份的股东要求查阅公司的会计账簿、会计凭证的，适用本法第五十七条第二款、第三款、第四款的规定。公司章程对持股比例有较低规定的，从其规定。

（2）股东会相关。

第一百一十三条　股东会应当每年召开一次年会。有下列情形之一的，应当在两个月内召开临时股东会会议：……（六）公司章程规定的其他情形。

（3）董事会相关。

第一百二十一条　股份有限公司可以按照公司章程的规定在董事会中设置由董事组成的审计委员会，行使本法规定的监事会的职权，不设监事会或者监事。

公司可以按照公司章程的规定在董事会中设置其他委员会。

第一百二十六条　经理对董事会负责，根据公司章程的规定或者董事会的授权行使职权。经理列席董事会会议。

（4）监事会相关。

第一百三十条　监事会成员为三人以上。监事会成员应当包括股东代表和适当比例的公司职工代表，其中职工代表的比例不得低于三分之一，具体比例由公司章程规定。

第一百三十二条　监事会的议事方式和表决程序，除本法有规定的外，由公司章程规定。

（5）股份发行相关。

第一百四十二条　公司可以根据公司章程的规定将已发行的面额股全

部转换为无面额股或者将无面额股全部转换为面额股。

第一百四十六条　公司章程可以对需经类别股股东会议决议的其他事项作出规定。

（6）股份发行相关。

第一百五十七条　公司章程对股份转让有限制的，其转让按照公司章程的规定进行。

第一百六十七条　自然人股东死亡后，其合法继承人可以继承股东资格；但是，股份转让受限的股份有限公司的章程另有规定的除外。

在章程中设置股东权利隔离层

实况中，有不少股东虽然拿着公司的股份，权利却大不相同。一些股东，持股数量少却拥有极大的表决权和对公司的绝对控制权；有些股东虽然是公司第一大股东，却对公司的运营没有决定权。这其中，权利差别设置产生效力的主要依据之一，就是"公司章程"。所以，如何在公司章程中合理设置股东责权利，既保障股东的合法权益，又能保护自己对公司的控制权，还能促进公司健康发展，是创业者进行公司治理的重要课题。

股东的主要权利

股东的主要权利包含以下几种：

（1）表决权。这是指股东按照所持股份拥有对公司决策、投票的权利。一般来说，一股等于一票。

《中华人民共和国公司法（2023年修订）》第一百四十三条　股份的发

行，实行公平、公正的原则，同类别的每一股份应当具有同等权利。

（2）分红权。这是指股东按照所持股份拥有对公司利润进行分配的权利。

（3）查阅权。这是指了解查阅公司信息的权利。

《中华人民共和国公司法（2023年修订）》第五十七条　股东有权查阅、复制公司章程、股东名册、股东会会议记录、董事会会议决议、监事会会议决议和财务会计报告。股东可以要求查阅公司会计账簿、会计凭证。

（4）诉讼权。这是指当股东利益受到伤害时，可以向法院提起要求公司其他股东或公司赔偿损失的权利。

《中华人民共和国公司法（2023年修订）》第一百八十九条　董事、高级管理人员有前条规定的情形的，有限责任公司的股东、股份有限公司连续一百八十日以上单独或者合计持有公司百分之一以上股份的股东，可以书面请求监事会向人民法院提起诉讼；监事有前条规定的情形的，前述股东可以书面请求董事会向人民法院提起诉讼。

监事会或者董事会收到前款规定的股东书面请求后拒绝提起诉讼，或者自收到请求之日起三十日内未提起诉讼，或者情况紧急、不立即提起诉讼将会使公司利益受到难以弥补的损害的，前款规定的股东有权为公司利益以自己的名义直接向人民法院提起诉讼。

他人侵犯公司合法权益，给公司造成损失的，本条第一款规定的股东可以依照前两款的规定向人民法院提起诉讼。

公司全资子公司的董事、监事、高级管理人员有前条规定情形，或者他人侵犯公司全资子公司合法权益造成损失的，有限责任公司的股东、股份有限公司连续一百八十日以上单独或者合计持有公司百分之一以上股份的股东，可以依照前三款规定书面请求全资子公司的监事会、董事会向人民法院提起诉讼或者以自己的名义直接向人民法院提起诉讼。

（5）转让权。这是指股东拥有自然转让股权的权利。

《中华人民共和国公司法（2023年修订）》第八十四条　有限责任公司的股东之间可以相互转让其全部或者部分股权。

（6）优先权。这是指公司股权转让时，公司股东可以优先外部股东获得公司转让股权的权利。

《中华人民共和国公司法（2023年修订）》第八十四条　股东向股东以外的人转让股权的，应当将股权转让的数量、价格、支付方式和期限等事项书面通知其他股东，其他股东在同等条件下有优先购买权。股东自接到书面通知之日起三十日内未答复的，视为放弃优先购买权。两个以上股东行使优先购买权的，协商确定各自的购买比例；协商不成的，按照转让时各自的出资比例行使优先购买权。

（7）召集权。这是指达到一定持股比例的股东，拥有召集股东大会的权利。

《中华人民共和国公司法（2023年修订）》第六十二条　代表十分之一以上表决权的股东、三分之一以上的董事或者监事会提议召开临时会议的，应当召开临时会议。

第六十三条　董事会不能履行或者不履行召集股东会会议职责的，由监事会召集和主持；监事会不召集和主持的，代表十分之一以上表决权的股东可以自行召集和主持。

（8）提案权。这是指持有一定比例股份的股东拥有提出临时提案的权利。

《中华人民共和国公司法（2023年修订）》第一百一十五条　单独或者合计持有公司百分之一以上股份的股东，可以在股东会会议召开十日前提出临时提案并书面提交董事会。

（9）解散权。

《中华人民共和国公司法（2023年修订）》第二百三十一条　公司经营管理发生严重困难，继续存续会使股东利益受到重大损失，通过其他途径不能解决的，持有公司百分之十以上表决权的股东，可以请求人民法院解散公司。

（10）清算权。

《中华人民共和国公司法（2023年修订）》第二百三十三条　公司依照前条第一款的规定应当清算，逾期不成立清算组进行清算或者成立清算组后不清算的，利害关系人可以申请人民法院指定有关人员组成清算组进行清算。人民法院应当受理该申请，并及时组织清算组进行清算。

公司章程对股东权利的另行规定

根据上文所述，我们基本了解了股东的权利。根据《中华人民共和国公司法（2023年修订）》规定，我们可以对股东的一些权利另行规定。而这就是公司章程能帮助创业者稳住公司控制权的根本原因。

第一，对表决权进行另行规定。根据《中华人民共和国公司法（2023年修订）》第一百四十四条"公司可以按照公司章程的规定发行下列与普通股权利不同的类别股：……（二）每一股的表决权数多于或者少于普通股的股份"的规定，公司可以发行类别股。因此，公司章程中就可以将发行类别股的条款加入其中，比如实行AB股制度，A股是普通股，1股只有1票表决权；B股是类别股，1股拥有10票表决权。

第二，对转让权作出限制。《中华人民共和国公司法（2023年修订）》规定，公司章程可以对股权转让做出限制性条款。比如加入该条款："公司股权不向公司以外的任何团体和个人出售、转让。公司改制一年后，经董事会批准后可在公司内部赠与、转让和继承。持股人死亡或退休经董事会批准后方可继承、转让或由企业收购，持股人若辞职、调离或被辞退、解除劳动合同的，人走股留，所持股份由企业收购……"

第三，优先权。公司股东对公司股权转让股东以外的人拥有优先购买权，公司章程可以另拟规定限制股东的优先购买权，或只让某些股权拥有优先购买权。一般这种权利拟定条款，会在引进资金型投资人时使用。

明确界定"董、监、高"的责权利

"三会一层"是现代公司法人治理的基础结构，包含股东大会、董事会、监事会、高级管理层（见图7-2）。这个结构体现了三权分立、分权制衡的思想，因此它的稳定也代表了公司的稳定。股东大会稳定的重要性无须多言，本节重点阐述董事会、监事会、高管的权责利，以及公司章程要如何拟定才能避免"权利失衡"，并以此保护创始人的控制权。

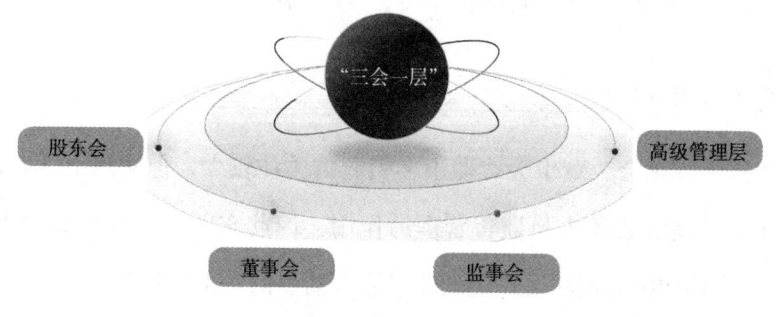

图7-2 "三会一层"

根据《中华人民共和国公司法》的规定，公司章程可拟定如下有关董监高责权利的条款。

董事会责权利

董事会及董事职权的重要性不言而喻，《中华人民共和国公司法》也给出了明确的职权，以便于其管理公司：

（一）召集股东会会议，并向股东会报告工作；

（二）执行股东会的决议；

（三）决定公司的经营计划和投资方案；

（四）制订公司的利润分配方案和弥补亏损方案；

（五）制订公司增加或者减少注册资本以及发行公司债券的方案；

（六）制订公司合并、分立、解散或者变更公司形式的方案；

（七）决定公司内部管理机构的设置；

（八）决定聘任或者解聘公司经理及其报酬事项，并根据经理的提名决定聘任或者解聘公司副经理、财务负责人及其报酬事项；

（九）制定公司的基本管理制度；

（十）公司章程规定或者股东会授予的其他职权；

（十一）董事会决议的表决，应当一人一票。

监事会责权利

相比于股东会、董事会，监事会引起的关注较少，但实际上，它能起到对董事、高级管理人员监督管理的作用，因此它的责权利也非常重要。《中华人民共和国公司法》规定的监事会及监事的基本职权如下：

（一）检查公司财务。

（二）对董事、高级管理人员执行职务的行为进行监督，对违反法律、行政法规、公司章程或者股东会决议的董事、高级管理人员提出解任的建议。

（三）当董事、高级管理人员的行为损害公司的利益时，要求董事、高级管理人员予以纠正。

（四）提议召开临时股东会会议，在董事会不履行本法规定的召集和主持股东会会议职责时召集和主持股东会会议。

（五）向股东会会议提出提案。

（六）依照本法第一百八十九条的规定，对董事、高级管理人员提起诉讼。

（七）公司章程规定的其他职权。

（八）监事可以列席董事会会议，并对董事会决议事项提出质询或者建议。

（九）监事会发现公司经营情况异常，可以进行调查。

（十）监事会可以要求董事、高级管理人员提交执行职务的报告。董事、高级管理人员应当如实向监事会提供有关情况和资料，不得妨碍监事会或者监事行使职权。

（十一）监事会的议事方式和表决程序，除本法有规定的外，由公司章程规定。

（十二）监事会决议应当经全体监事的过半数通过。

（十三）监事会决议的表决，应当一人一票。

（十四）监事会应当对所议事项的决定作成会议记录，出席会议的监事应当在会议记录上签名。

《中华人民共和国公司法》赋予了公司章程规定监事会其他职权的权利，因此，创业者可以以此加大监事会的职权，来降低董事、管理层人员的不稳定因素。

比如某公司的关于监事会职权的公司章程设计。因监事会或监事不参与公司的决策管理，因此与被监督的董事、高层管理人员存在信息不对等的情况。为避免这一情况，公司章程可以对监事的财务检查权作出具体规定。例如：监事应当检查的文件资料的具体范围，并将名称在公司章程里明确列举出来；或者是明确监事会是否对公司阻碍行使财务检查权的行为提起诉讼。

高管人员责权利

高级管理人员负责公司具体的运营工作，可以说对公司的影响非常大。因此，对于其职权范围的设定也非常重要。

《中华人民共和国公司法》并未对高级管理人员的职权范围作出具体的规定，只明确了其由董事会决定聘任，职权也由董事会及公司章程规定，如图7-3所示。

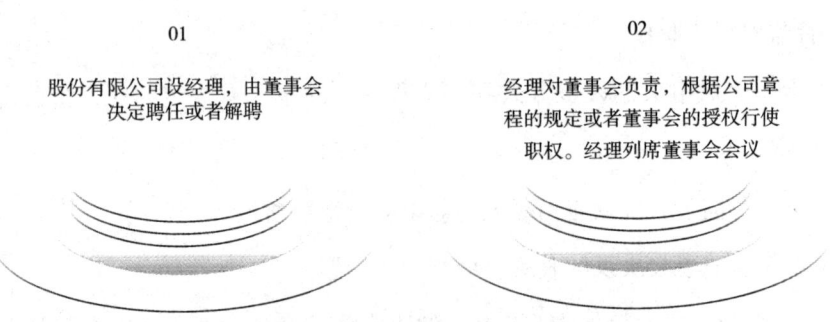

图7-3 董事会对高管人员的聘任

需要注意的是，现实中，高级管理人员损害公司利益的案例不在少数，在赋予其职权的同时，也应在公司章程中加入监督条款。

比如，某公司有关于高级管理人员勤勉义务的监督条款如下：

（一）应谨慎、认真、勤勉地行使公司赋予的权利，以保证公司的商业行为符合国家法律、行政法规以及国家各项经济政策的要求，商业活动不超过营业执照规定的业务范围；

（二）应公平对待所有股东；

（三）及时了解公司业务经营管理状况；

（四）应当对公司定期报告签署书面确认意见，保证公司所披露的信息真实、准确、完整；

（五）应当如实向监事会提供有关情况和资料，不得妨碍监事会或者监事行使职权；

（六）应维护公司资金安全；

（七）法律、行政法规、部门规章及本章程规定的其他勤勉义务。

股东会与董事会决议有效性条件设置

股东会与董事会的决议有时不一定有效。因为很多时候，其决议违反了相关法规及公司章程的规定，在议事规则上存在瑕疵。议事规则是指由法律及公司章程规定的公司股东会、董事会的会议召集、议事方式、表决权行使等程序性、实体性规范的总和。

现实中，有不少公司的决议因违反议事规则而被判无效。

我国现行的法律为公司的议事规则制定了基础性的指导原则，同时赋予了公司章程在议事规则方面自由制定具体规定的权利。

所以，创业者在拟定与议事规则相关的公司章程条款时，既要符合相关法律要求，又要保证自己的"权益"。

符合《中华人民共和国公司法》要求的议事规则

利用《中华人民共和国公司法》设计议事规则时，需要符合其规定，这是决议有效性的基础。《中华人民共和国公司法》对股东会、董事会、监事会的议事规则作了如下规定：

（1）召开及表决方式。公司股东会、董事会、监事会召开会议和表决可以采用电子通信方式，公司章程另有规定的除外。

（2）决议内容。公司股东会、董事会的决议内容违反法律、行政法规的无效。

（3）撤销条件。公司股东会、董事会的会议召集程序、表决方式违反法律、行政法规或者公司章程，或者决议内容违反公司章程的，股东自决议作出之日起六十日内，可以请求人民法院撤销。但是，股东会、董事会的会议召集程序或者表决方式仅有轻微瑕疵，对决议未产生实质影响的除外。

未被通知参加股东会会议的股东自知道或者应当知道股东会决议作出之日起六十日内，可以请求人民法院撤销；自决议作出之日起一年内没有行使撤销权的，撤销权消灭。

（4）决议无效。有如图7-4所示几种情形之一的，公司股东会、董事会的决议不成立。

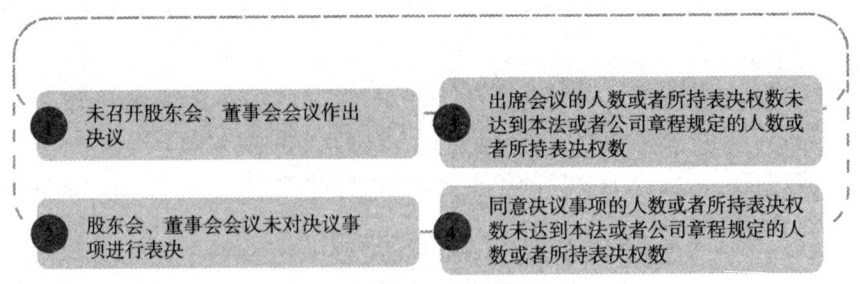

图7-4 决议无效的四种情形

公司章程拟定的议事规则

股东会、董事会议事规则章程设计具体如下：

1. 股东会议事规则、表决程序的章程设计

（1）股东会议事规则的章程设计：

①召集通知。一般是采用书面形式，现在也可以采用电子形式。

②通知时间。《中华人民共和国公司法》给出的参考为15天，但公司可以根据实际情况缩短或增加通知时间。

③通知对象。《中华人民共和国公司法》要求通知到全体股东，但章程中可根据公司股东表决权的实际情况对被通知对象范围作出灵活设计。

④通知内容。公司章程可对通知内容、会议内容、表决内容的一致性作出明确具体的规定。

（2）股东会表决程序的章程设计：

①表决事项。公司章程可以根据股东会表决事项的不同设计表决通过决议的条件。如在章程中可以对股东形式表决权的基数加以规定，重大事项的表决以全体股东所持表决权为基础，其他事项，既可以选择按出席股东所持表决权为基础，也可以选择按全体股东所持表决权为基础。

②行使方式。章程可以规定表决权行使的方式，如可以股东亲自行使，代理行使，当场投票行使，会后电话、电子、书面形式行使。

③弃权认定。股东弃权对会议法定数和表决效力的影响及章程的处理方式，章程中应对属于股东"弃权"的各种情形加以认定。比如将弃权视为出席会议但未参加表决，又或是将弃权视为出席会议但反对或赞同议案。

④表决权比例。公司章程中可以规定类别股的表决权比例，比如AB股，A股1股1票，B股1股10票。

2. 董事会议事规则的章程设计

（1）董事会召集程序的章程设计。虽然《中华人民共和国公司法》对董事会召集程序作出了详细的规定，但为了防止其职权被滥用，也有必要在章程中与其主要规则进行更为细化的完善。比如，合法的会议召开主体、通知时间、通知对象、会议事项的提前通知等，具体可参考股东会会议。

（2）董事会表决程序的章程设计。如根据董事会表决事项的不同，设计表决通过决议的条件。如可参考《中华人民共和国公司法》的规定，董事会出席人数过半才能进入表决程序，也可仅对董事会拟讨论重大事项的特别决议作出最低席数的规定。

在章程中加上安全阀：股权处置限制条件

《中华人民共和国公司法》赋予了公司一定的自主性，让公司可以在公司章程中根据实际需求增加相应的条款。因此，创业者如果在公司章程中设定合理的股权处置限制条件，那么对于因股权过度集中或是不当转移而影响公司控制权稳定事件发生的事情，就可以起到一定程度的预防作用。

需要注意的是，在公司章程中设置相关限制条款时，一定要注意其合法性，否则很容易引发股权纠纷。

上海某投资公司与上海某财经公司因公司章程中股权转让限制条款的问题，发生了法律纠纷。财经公司的公司章程规定，股权转让需经全体董事一致同意。2020年，投资公司计划将其所持股权转让给上海某数字科技公司，并获得了其他股东的书面同意。然而，在2021年5月的董事会上，其中一股东选任的董事反对该股权转让，导致财经公司拒绝办理股权变更手续。

投资公司因此提起诉讼，请求法院判决财经公司办理股权变更手续。法院审理后认为，虽然公司章程可以对股权转让作出限制性约定，但不得违反《中华人民共和国公司法》的强制性规定。财经公司章程中规定的"全体董事一致同意"的转让条件过于苛刻，且未设定转让股东的救济程序，实质上剥夺了股东转让股权的权利，违反了《中华人民共和国公司法》的规定。最终，法院判决财经公司章程中关于股权转让需经全体董事一致同意的条款无效，并判令其办理股权变更手续。

遵循《中华人民共和国公司法》设置股权处置限制条件

《中华人民共和国公司法》对股权的处置作了明确的规定，公司章程在拟定相关条款时，需符合其要求，具体内容如下：

1. 有限责任公司的股权处置

（1）转让对象要求。有限责任公司的股东之间可以相互转让其全部或者部分股权。

（2）优先购买要求。股东向股东以外的人转让股权的，应当将股权转让的数量、价格、支付方式和期限等事项书面通知其他股东，其他股东在同等条件下有优先购买权。股东自接到书面通知之日起三十日内未答复的，视为放弃优先购买权。两个以上股东行使优先购买权的，协商确定各自的购买比例；协商不成的，按照转让时各自的出资比例行使优先购买权。

人民法院依照法律规定的强制执行程序转让股东的股权时，应当通知公司及全体股东，其他股东在同等条件下有优先购买权。其他股东自人民法院通知之日起满二十日不行使优先购买权的，视为放弃优先购买权。

（3）通知变更要求。股东转让股权的，应当书面通知公司，请求变更股东名册；需要办理变更登记的，请求公司向公司登记机关办理变更登记。公司拒绝或者在合理期限内不予答复的，转让人、受让人可以依法向人民法院提起诉讼。股权转让的，受让人自记载于股东名册时起可以向公司主张行使股东权利。

依照本法转让股权后，公司应当及时注销原股东的出资证明书，向新股东签发出资证明书，并相应修改公司章程和股东名册中有关股东及其出资额的记载。对公司章程的该项修改不需再由股东会表决。

（4）认缴出资要求。股东转让已认缴出资但未届出资期限的股权的，由受让人承担缴纳该出资的义务；受让人未按期足额缴纳出资的，转让人对受让人未按期缴纳的出资承担补充责任。

未按照公司章程规定的出资日期缴纳出资或者作为出资的非货币财产的实际价额显著低于所认缴的出资额的股东转让股权的，转让人与受让人在出资不足的范围内承担连带责任；受让人不知道且不应当知道存在上述情形的，由转让人承担责任。

（5）股权回购要求。对股东会该项决议投反对票的股东可以请求公司按照合理的价格收购其股权，如图7-5所示。

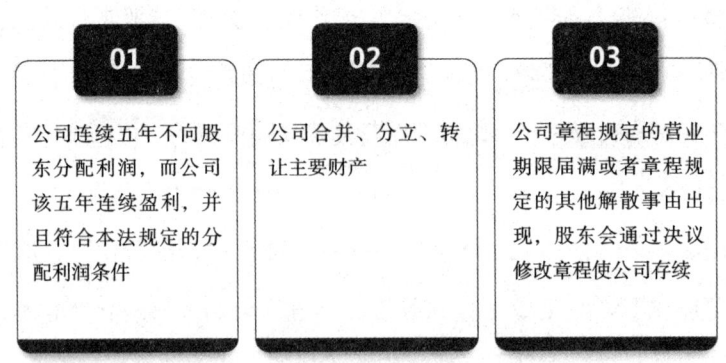

图7-5　有限责任公司股东要求股权回购的三种情形

自股东会决议作出之日起六十日内，股东与公司不能达成股权收购协议的，股东可以自股东会决议作出之日起九十日内向人民法院提起诉讼。

公司的控股股东滥用股东权利，严重损害公司或者其他股东利益的，其他股东有权请求公司按照合理的价格收购其股权。

公司因本条第一款、第三款规定的情形收购的本公司股权，应当在六个月内依法转让或者注销。

（6）继承要求。自然人股东死亡后，其合法继承人可以继承股东资格；但是，公司章程另有规定的除外。

2. 股份有限公司的股权处置

（1）转让对象。股份有限公司的股东持有的股份可以向其他股东转让，也可以向股东以外的人转让；公司章程对股份转让有限制的，其转让按照公司章程的规定进行。

（2）转让方式。股东转让其股份，应当在依法设立的证券交易场所进行或者按照国务院规定的其他方式进行。股票的转让，由股东以背书方式或者法律、行政法规规定的其他方式进行；转让后由公司将受让人的姓名或者名称及住所记载于股东名册。

（3）转让限制。

①已发行限制。公司公开发行股份前已发行的股份，自公司股票在证券交易所上市交易之日起一年内不得转让。

②持有对象限制。公司董事、监事、高级管理人员应当向公司申报所持有的本公司的股份及其变动情况，在就任时确定的任职期间每年转让的股份不得超过其所持有本公司股份总数的百分之二十五；所持本公司股份自公司股票上市交易之日起一年内不得转让。上述人员离职后半年内，不得转让其所持有的本公司股份。

（4）股权回购。有下列情形之一的，对股东会该项决议投反对票的股东可以请求公司按照合理的价格回购其股份，公开发行股份的公司除外，如图7-6所示。

01 公司连续五年不向股东分配利润，而公司该五年连续盈利，并且符合本法规定的分配利润条件

02 公司合并、分立、转让主要财产

03 公司章程规定的营业期限届满或者章程规定的其他解散事由出现，股东会通过决议修改章程使公司存续

图7-6 股份有限公司股东要求股权回购的三种情形

公司不得收购本公司股份，但是，有下列情形之一的除外：

①减少公司注册资本；

②与持有本公司股份的其他公司合并；

③将股份用于员工持股计划或者股权激励；

④股东因对股东会作出的公司合并、分立决议持异议，要求公司收购其股份；

⑤将股份用于转换公司发行的可转换为股票的公司债券；

⑥上市公司维护公司价值及股东权益所必需。

公司因前款第①项、第②项规定的情形收购本公司股份的，应当经股东会决议；公司因前款第③项、第⑤项、第⑥项规定的情形收购本公司股份的，可以按照公司章程或者股东会的授权，经三分之二以上董事出席的董事会会议决议。

公司依照本条第一款规定收购本公司股份后，属于第①项情形的，应当自收购之日起十日内注销；属于第②项、第④项情形的，应当在六个月

内转让或者注销；属于第③项、第⑤项、第⑥项情形的，公司合计持有的本公司股份数不得超过本公司已发行股份总数的百分之十，并应当在三年内转让或者注销。

股权处置限制有效条款设置

公司章程中关于股权处置限制有效条款的设置，必须符合相关法律的要求；如果不符合，则该条款无效。那么该如何设置股权处置限制有效条款，才能使其受法律保护，并生效呢？可参考以下几点做法：

（1）从时间入手。这是指对股权转让的时间进行限制，比如对于投资人限制其"一年内不能转让股权"，对于创始团队成员则限制他们"三年内不能转让股权"。

（2）从身份入手。转让人与受让人同样需要受到限制，具体如图7-7所示。

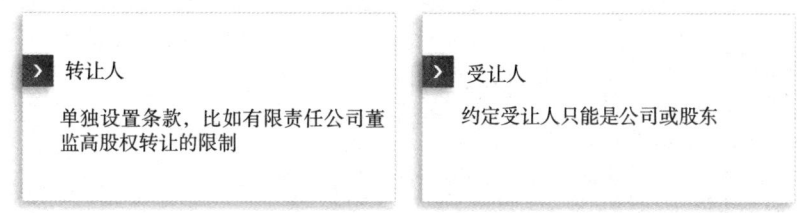

图7-7 转让人与受让人的限制

（3）从程序入手。这是指加入"程序障碍"条款，比如需书面通知其他股东，提请董事会、股东审议。

（4）从在职入手。这是指在公司章程中规定，如果股东辞职、被辞退，那么其所持股份将由公司回购。

（5）从方向入手。这是指除从内部进行限制外，还可以从外部限制，比如对外部转让采取同意原则，需过半数表决权或是股东同意。

第八章
协议合同：揭秘协议书背后的控制权游戏

在商业世界中，与股权相关的协议书不仅是公司治理、股东权益保护的重要工具，更是控制权争夺的关键战场。在一张"纸上"，各方通过精心设计的协议条款，试图实现对公司的绝对控制与相对优势。因此，为了确保自己不会因为一张"协议书"而让自己的公司控制权受到影响，创业者们必须深入理解并掌握这些与股权相关的协议书。

股权转让协议：股权转移带来的控制权转移

股权转让协议是指以股权转让为目的的合同，具备法律效力。在当事人以转让股权为目的达成出让方交付股权并收取价金、转让方支付价金得到股权的意思表示后，需要签订股权转让协议，来保证这一行为具备法律效力。股权转让协议也是受让人成为公司股东、获得股东权利的有效凭证。

2023年1月，常某因公司资金问题，将所持公司的5%的股权以500万元的价格转让给刘某。双方达成共识后签订了股权转让协议条款。但协议签订后，常某发现如果股权一旦产生实质性转让，自己所持股份将少于公司另一股东，那么这将直接影响到自己对公司的控制权，因此未按协议约定将5%股权转让至刘某指定的代持人林某名下。常某与刘某协商，希望对方能将5%股权的投票权委托给自己，刘某不同意，而常某也因此未履行协议约定。

刘某将常某诉至法院，法院判定常某违反协议约定，判令其执行5%股权的转让协议，并给予刘某一定的赔偿。

股权转让协议效力的影响因素

现实中，因股权转让协议效力问题导致的股权纠纷不在少数。那么，什么情况下协议才会无效呢？

影响因素一：出资瑕疵。如果股东在出资方面存在以下三种情况，那么与其他人签订的股权转让协议一般会被认定为无效,具体如图8-1所示。

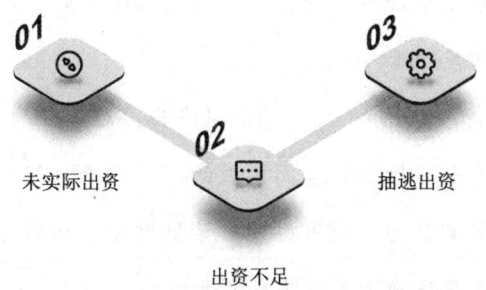

图8-1 导致股权转让协议无效的三种出资情况

影响因素二:告知义务。如果股权存在出资瑕疵,其股东明知却未告知受让人,受让人可请求撤销及变更;如果双方都知道股权存在出资瑕疵,且能证明该协议属于重大误解订立,那么其合同可变更或撤销。

影响因素三:股东人数。如果是有限责任公司,其股东人数超过五十人,则可认定该协议无效。

影响因素四:持股对象。即使在股权转让协议中提及股权实际归属于合同外的第三方,但只要合同双方仅约定一方承担向另一方转让该股权的义务,而股权所有人的实际权利并未因此发生实质性变动,那么该股权转让合同就不应因出让人对股权缺乏直接处分权而被视为无效。

影响因素五:违反公司章程。《中华人民共和国公司法》赋予了公司章程对于股权转让的一定的拟定权利,因此当公司章程符合《中华人民共和国公司法》规定,且通过了法定形式公布,如果股权转让协议违反公司章程的规定,那么可认定该协议无效。

《中华人民共和国民法典》对协议效力的认定

《中华人民共和国民法典》对协议效力的规定:

第五百零二条 依法成立的合同,自成立时生效,但是法律另有规定或者当事人另有约定的除外。

依照法律、行政法规的规定,合同应当办理批准等手续的,依照其规定。未办理批准等手续影响合同生效的,不影响合同中履行报批等义务条款以及相关条款的效力。应当办理申请批准等手续的当事人未履行义务的,对方可以请求其承担违反该义务的责任。

依照法律、行政法规的规定,合同的变更、转让、解除等情形应当办理批准等手续的,适用前款规定。

第五百零三条 无权代理人以被代理人的名义订立合同,被代理人已经开始履行合同义务或者接受相对人履行的,视为对合同的追认。

第五百零四条 法人的法定代表人或者非法人组织的负责人超越权限订立的合同,除相对人知道或者应当知道其超越权限外,该代表行为有效,订立的合同对法人或者非法人组织发生效力。

第五百零五条 当事人超越经营范围订立的合同的效力,应当依照本法第一编第六章第三节和本编的有关规定确定,不得仅以超越经营范围确认合同无效。

第五百零六条 合同中的下列免责条款无效:

(一)造成对方人身损害的;

(二)因故意或者重大过失造成对方财产损失的。

第五百零七条 合同不生效、无效、被撤销或者终止的,不影响合同中有关解决争议方法的条款的效力。

第五百零八条 本编对合同的效力没有规定的,适用本法第一编第六章的有关规定。

股权转让协议模板

请注意,本模板仅供参考,具体条款需根据双方实际情况和具体需求进行调整。

股权转让协议

本协议由以下双方于[签订日期]在[签订地点]签订:

转让方(以下简称"甲方"):

姓名/名称:[甲方姓名/名称]

注册地址/住址:[甲方注册地址/住址]

法定代表人/身份证号:[甲方法定代表人姓名/身份证号]

受让方(以下简称"乙方"):

姓名/名称:[乙方姓名/名称]

注册地址/住址:[乙方注册地址/住址]

法定代表人/身份证号:[乙方法定代表人姓名/身份证号]

鉴于:

甲方是[公司名称](以下简称"目标公司")的合法股东,持有目标公司百分之[持股比例]的股权。

甲方有意将其持有的目标公司股权转让给乙方,乙方同意受让该等股权。

现甲、乙双方根据《中华人民共和国公司法》《中华人民共和国合同法》等相关法律法规的规定,经友好协商,就股权转让事宜达成如下协议:

第一条　股权转让

1.1 甲方同意将其持有的目标公司百分之［持股比例］的股权（以下简称"标的股权"）转让给乙方。

1.2 乙方同意受让甲方转让的标的股权，并按照本协议约定的条款和条件支付股权转让价款。

第二条 股权转让价款及支付

2.1 双方同意，标的股权的转让价款为人民币［金额］元（大写：［金额汉字大写］元整）。

2.2 乙方应在本协议签订之日起［时间］日内将股权转让价款全额支付至甲方指定的银行账户。

第三条 股权转让的工商变更登记

3.1 甲方应在本协议签订后，协助乙方办理标的股权的工商变更登记手续。

3.2 工商变更登记完成后，乙方即成为目标公司的合法股东，享有相应的股东权利并承担相应的股东义务。

第四条 双方的权利义务

4.1 甲方应保证其转让的标的股权是其合法拥有并有权处分的，不存在任何权利瑕疵或法律纠纷。

4.2 甲方应在本协议签订后，将其持有的与标的股权相关的所有文件、资料、印章等移交给乙方。

4.3 乙方应按照本协议约定的时间和方式支付股权转让价款。

4.4 乙方在成为目标公司的股东后，应遵守目标公司的章程和各项管理制度，履行相应的股东义务。

第五条 违约责任

若任何一方违反本协议的约定，应承担相应的违约责任，并赔偿对方因此遭受的全部损失。

第六条 保密条款

双方应对本协议的内容及在签订和履行本协议过程中所知悉的对方的商业秘密和保密信息予以保密。

第七条 争议解决

因本协议引起的或与本协议有关的任何争议,双方应首先通过友好协商解决;协商不成的,任何一方均有权向有管辖权的人民法院提起诉讼。

第八条 附则

8.1 本协议自双方签字或盖章之日起生效。

8.2 本协议一式两份,甲、乙双方各执一份,具有同等法律效力。

甲方(签字/盖章):[甲方签字/盖章]

日期:[甲方签订日期]

乙方(签字/盖章):[乙方签字/盖章]

日期:[乙方签订日期]

股权代持协议:显名股东与隐名股东的股权之争

股权代持又称为委托持股、隐名投资、假名投资,是一种股权处置方式。当实际出资人与他人进行约定,以其名义代替出资人行使股东权利时,就需要签订协议,以保证双方的利益。在实况中,我们称实际出资人为隐名股东,代持人为显名股东。通过该协议,隐名股东可凭借该协议证明显名股东仅为代持人,显名股东则可凭借该协议行使股东权利。

签署股权代持协议的原因有很多,比如因为禁止性规定、禁业限制、资产隔离、关联交易……所以,实务中股权代持情况并不少见,但因协议细节问题而产生的法律纠纷案件也不在少数。

股权代持常见的纠纷类型

股权代持纠纷主要由这样几个原因引起，如图8-2所示。

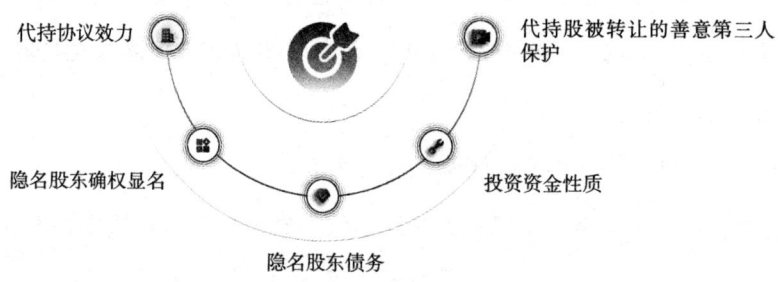

图8-2　股权代持纠纷形成的五种原因

杨某与张某合作成立了一家科技公司，其中杨某出资60%，张某出资40%。然而，在实际操作中，杨某为规避某些商业风险，选择让自然人林某作为显名股东，代持其在科技公司60%的股份，而杨某则作为背后的实际控制人。

公司经营一段时间后，因大环境问题利润逐年下滑。此时，林某作为显名股东，发现自己在公司的股份价值大幅下降，开始寻求退出。然而，杨某并不愿意让林某退出，因为一旦林某退出，杨某作为隐名股东的身份就会暴露，进而可能面临更多商业风险。

同时，林某希望将其持有的公司股份转让给第三方，以挽回部分损失。但杨某认为，林某只是代持，无权擅自转让股份，必须得到自己同意。于是，双方就显名股东权利及隐名股东权利争执不休。

做好股东资格确认工作

为避免纠纷发生，在签署股权代持协议时，实际出资人要做好股东资格确认工作。对此可参考以下方式：

（1）出资证明。实际出资人在出资时需保留好出资证明，这是获得股东资格并享有股权真正意志的外在表示，更是一种个体的民事法律行为。

（2）出资事实。与隐名股东之间的其他出资事实，如标有明确目的的转账记录。

（3）实质审查。除了形式性审查外，还可以出具自己参与了公司事务管理、行使股东身份权利的证明。

（4）股东同意。获得其他股东同意，也是隐名股东证明自己身份的有力证明。一般要求半数以上股东明确同意并做出同意隐名股东实际出资人股东身份的意思表示。其意思表示方式有四种，如图8-3所示。

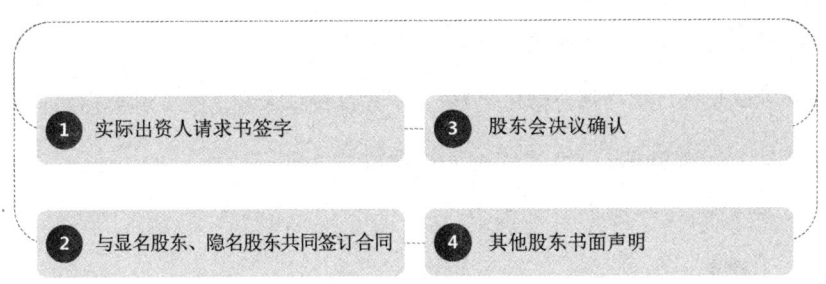

图8-3 股东意思表示的四种方式

股权代持法律风险

在进行股权代持时，需要注意以下法律风险：

（1）协议效力风险。协议可能会因为违反法律、行政法规的强制性规定而被认为无效。比如一些特定行业被限制股权代持协议。

（2）隐名股东身份风险。因隐名股东并不记载在工商登记资料及公司章程上，可能导致在法律上的股东地位不被认可。

（3）股权丢失风险。可能发生显名股东恶意损害隐名出资人利益，如擅自转让、质押代持的股权或分割、继承代持股权等。

（4）显名股东风险。如果隐名股东出资不实，显名股东可能需要履行出资义务；如果公司经营不善，显名股东可能在债务执行时受到牵连。

股权代持协议模板

请注意，本模板仅供参考，具体条款需根据双方实际情况和具体需求进行调整。

股权代持协议

本协议由以下双方于［签订日期］在［签订地点］签订：

实际出资人（甲方）：

姓名／名称：［甲方姓名／名称］

身份证号码／统一社会信用代码：［甲方身份证号码／统一社会信用代码］

住址／注册地址：［甲方住址／注册地址］

联系方式：［甲方联系方式］

名义股东（乙方）：

姓名／名称：［乙方姓名／名称］

身份证号码／统一社会信用代码：［乙方身份证号码／统一社会信用代码］

住址／注册地址：［乙方住址／注册地址］

联系方式：［乙方联系方式］

鉴于：

甲方拥有［目标公司名称］（以下简称"目标公司"）的实际出资权

益，并希望委托乙方作为名义股东代为持有目标公司的相关股权。

乙方愿意作为名义股东代甲方持有目标公司的相关股权，并承诺按照本协议约定履行相关义务。

现甲、乙双方根据《中华人民共和国公司法》及相关法律法规的规定，经友好协商，就股权代持事宜达成如下协议：

第一条　代持股权

1.1 甲方实际出资并拥有目标公司［持股比率］的股权，该等股权由乙方作为名义股东代甲方持有。

1.2 乙方作为名义股东，其持有的目标公司股权仅限于代甲方持有，不享有任何基于该等股权的股东权利。

第二条　双方的权利和义务

2.1 甲方权利义务

（1）甲方作为实际出资人，享有基于实际出资所产生的股权收益权、剩余财产分配权、参与重大决策权等权利。

（2）甲方有权随时要求乙方将其代持的股权转让给甲方或甲方指定的第三方，乙方应予以配合办理相关手续。

2.2 乙方权利义务

（1）乙方作为名义股东，应按照甲方的指示和要求行使相关股东权利，包括但不限于参与股东会、签署相关文件等。

（2）乙方应对代持的股权负有保密义务，未经甲方同意，不得向任何第三方泄露相关信息。

（3）乙方应按照本协议的约定，将代持股权所产生的收益及时支付给甲方。

第三条　代持期限

代持期限自本协议签订之日起至甲方要求乙方将代持股权转让给甲方

或甲方指定的第三方并完成相关手续之日止。

第四条 违约责任

若任何一方违反本协议的约定，应承担相应的违约责任，并赔偿对方因此遭受的全部损失。

第五条 争议解决

因本协议引起的或与本协议有关的任何争议，双方应首先通过友好协商解决；协商不成的，任何一方均有权向有管辖权的人民法院提起诉讼。

第六条 附则

6.1 本协议自双方签字或盖章之日起生效。

6.2 本协议一式两份，甲、乙双方各执一份，具有同等法律效力。

甲方（签字/盖章）：[甲方签字/盖章]

日期：[甲方签订日期]

乙方（签字/盖章）：[乙方签字/盖章]

日期：[乙方签订日期]

股权继承协议："子承父业"背后的控制权变动

股权继承是指自然人股东死亡后由其合法继承人继承股东资格行使股东权利的制度。《中华人民共和国公司法（2023年修订）》第九十条规定：自然人股东死亡后，其合法继承人可以继承股东资格；但是，公司章程另有规定的除外。所以，有限责任公司如果出现股权继承问题，可能会导致公司控制权的变动，从而影响公司的发展。

某市中级人民法院审判判决的一起股权转让纠纷案，起因就是股权继承问题导致。张某持有 A 公司 1.18% 的股权，2023 年 5 月，张某因病去世，合法继承人为其父母与妻子。但就其继承人是否能继承股东资格问题，公司临时会议表决为"不同意"，表示可以给出其他补偿方式。但张某父母、妻子不同意，遂诉至法院要求继承张某的股东资格，并要求 A 公司配合工商登记。

法院经审理认为："《中华人民共和国公司法》虽规定有限责任公司自然人股东死亡后，其合法继承人可以继承其股东资格，但公司章程另有规定的除外。"A 公司章程规定："自然人股东死亡后，其继承人是否能继承股东资格，需经股东会特别表决同意，需三分之二以上表决权通过。"因此，法院驳回张某的父母和妻子的诉讼请求，要求 A 公司以合理方案补偿张某继承人。

股权继承的步骤

股权继承要生效，单靠相关法律对股权继承的规定或是一张股权继承协议书是不够的，还需要经过以下步骤：

第一步：符合公司章程规定。如果公司章程没有另行规定，则可以按照相关法律规定的继承。

第二步：通过股东会决议。如果公司章程有另行规定，则需要通过股东会会议决议，并达到一定的表决权比例。

第三步：修改公司章程。股东会决议同意股权继承发生，则需要将继承人姓名、住所及受让的出资额登录到公司股东名册，并修改公司章程。

第四步：工商变更登记。公司到当地工商变更部门变更登记手续，至此，股权继承程序完成。

了解股权继承实务遇到的疑难问题

因股权继承会对公司的稳定性造成一定的影响,所以创业者需要对股权继承实务中的一些疑难问题有一个基础的了解,以更好地完善公司章程关于股权继承内容的拟定。

问题一:合法继承人股东资格生效时间。对此一般有两种观点,如图8-4所示。

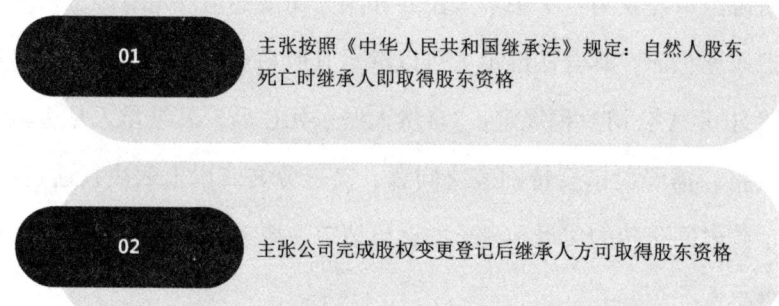

图8-4 合法继承人股东资格生效时间确认的两种观点

问题二:明确股权继承人身份。并不是所有人都能成为股权继承人,在发生股权继承时,需要明确这些人的身份。按照我国相关法律规定,特定人群不能成为公司股东,如公务员、现役军人属于绝对禁止;领导干部配偶及其子女、国企领导人及其配偶和子女、银行工作人员属于相对继承,这类人群只能继承与股东所拥有的股权价值相对应的财产权,无法继承股东资格和股东地位。

问题三:多位继承人的选择。自然人股东死亡后,存在多位合法继承人,且这些人都愿意继承股东资格,那么公司该把股东资格给谁?如果都给,导致公司股东总人数超过50人的上限,又该如何处理?前者涉及共同继承问题,按相关规定,多位继承人可共同继承死亡股东的股东资格,并可要求公司办理股权的变更登记手续。对于第二个问题,则需要在多位继承人中间选择一位代表人，只有代表人登记在册，其他人不登记在册。代表人代表所有继承人行使死亡股东之股权，代表人行使权利的基础和效力是所有继承人的一致意志表示。

股权继承协议模板

股权继承对于家族性企业来说更为重要，为防止意外发生，最好事先签署好股权继承协议。

以下是一个股权继承协议的范本。请注意，这只是一个示例，具体的协议内容应根据实际情况和法律规定进行调整：

股权继承协议

甲方（原股东/被继承人）：＿＿＿＿＿＿＿＿＿＿＿＿＿

乙方（继承人）：＿＿＿＿＿＿＿＿＿＿＿＿＿

鉴于甲方为某公司（以下简称"公司"）的合法股东，并持有公司＿＿＿＿＿＿%的股权，若甲方死亡，其持有的股权需按照法定程序进行继承。乙方作为甲方的合法继承人，有权继承甲方持有的公司股权。为明确双方的权利和义务，经友好协商，达成如下协议：

一、继承事项

甲方同意将其持有的公司＿＿＿＿＿＿%的股权全部转让给乙方，乙方同意接受该股权的继承。

乙方在继承股权后，将成为公司的合法股东，享有相应的股东权利，并承担相应的股东义务。

二、股权转让价格及支付方式

鉴于本次股权转让系基于继承关系，双方同意本次股权转让价格为零元（即无偿转让）。

乙方无须向甲方支付任何股权转让款项。

三、股权变更登记

双方同意在本协议签署之日起_____日内，由乙方向公司提交股权变更登记申请，并按照公司登记机关的要求提供相关文件。

四、其他事项

双方应共同确保本次股权继承的合法性和有效性，如因任何一方原因导致股权继承无效或产生纠纷的，由该方承担相应的法律责任。

本协议未尽事宜，双方可另行签订补充协议，补充协议与本协议具有同等法律效力。

本协议一式两份，甲、乙双方各执一份，自双方签字（或盖章）之日起生效。

甲方（原股东/被继承人）：_____

日期：____年____月____日

乙方（继承人）：_____

日期：____年____月____日

此外，根据具体情况，股权继承协议可能需要加入以下两个方面的内容：一是继承人不得转让其继承的股权或者增加其转让的条件，以免造成公司的不稳定性；二是规定如何确认继承人的身份与资格，来保证股权能顺利继承到指定的人身上。

第八章 协议合同：揭秘协议书背后的控制权游戏

股权回购协议：公司控制权的自我保护机制

关于股权回购，《中华人民共和国公司法》已有明确的规定，前文已述。最初，《中华人民共和国公司法》规定的股权回购是为了保护中小股东的利益，属于强制性回购。随着资本市场的快速发展，股权回购运用的范围也越来越广泛，许多公司为了吸引更多融资而加入了股权回购条款，一方面是保护投资人的利益，另一方面也是为了维护公司控制权的稳定，属于约定回购。

股权回购被运用得越来越广泛，随之而来的是股权回购导致的纠纷也越来越多。

在协议中明确股权回购主体

股权回购主体主要由三类群体负责，如图8-5所示。

图8-5 股权回购的三大主体

在协议中明确股权回购触发条件

除了需要符合《中华人民共和国公司法》对于股权回购的要求外,其触发条件可根据自己的实际需求制定,主要有以下几个方面:

(1)未完成约定的业绩;

(2)未在约定时间完成上市承诺;

(3)目标公司主营业务发生重大变化;

(4)创始股东出售公司股权;

(5)创始股东违反竞业协议;

(6)创始人离职或退出。

在设置股权回购触发条件时,需注意以下几个方面:

(1)其股权回购触发条件需符合相关法律法规,避免违规操作;

(2)其股权回购触发条件必须合理公平,平衡公司与股东的利益;

(3)确保股权回购触发条件具备可操作性,能保证后续操作的顺利进行;

(4)股权回购触发条件的设置应公开透明,全体股东了解并在一定比例上同意。

在协议中明确股权回购价格

股权回购价格是股权回购协议中最重要的条款,股权回购纠纷多数也是由股权回购价格引起的。因此在协议中,除了明确价格外,还需要明确价格确定的方法。其主要方法如下:

一是协商定价。这是指回购主体与股东通过协商达成一致,在协商时考虑公司的净资产、盈利能力、市场价值、股东持股比例与贡献等因素,同时再考虑双方的需求与期望。

二是资产评估。这是指聘请有法定资质的资产评估机构对公司进行资产评估，估算出股东退股时公司的净资产，然后根据净资产与股东持股比例计算出股东的股权回购价。

三是公式定价。这是指在协议中明确一个计算公式来确定价格，比如公司的市盈率、市净率。

四是市场定价。如果是上市公司，则可以参考当时的市场价格来确定回购价格，但这种定价方式极不稳定，所以可以在协议中约定一个固定的价格区间，来达到公司与股东利益的平衡。

五是溢价定价。这是指在股东原价购买价格的基础上进行一定的溢价回购。

六是估值定价。这是指按照公司最近一轮融资估值价格确定股权回购价格。

股权回购协议模板

股权回购协议

本协议由以下两方于［日期］签署：

甲方（公司）：［公司名称］

地址：［公司地址］

乙方（股东）：［股东姓名］

地址：［股东地址］

鉴于：

甲方是一家合法成立并有效存在的公司，具有独立的法人资格。

乙方是甲方的股东，持有甲方一定比例的股份。

双方经协商一致，同意就乙方所持有的甲方股份进行回购，特订立本协议。

一、回购触发条件

1. 当公司未完成约定业绩……

2. 当公司未在 × 年 × 月 × 日完成上市……

……

甲方需回购乙方手中持有的全部或部分股份。

二、回购标的及价款

乙方同意将其所持有的甲方［具体比率或数量］的股权转让给甲方。

双方同意，本次股权回购的价格为［具体金额］元人民币（大写：［金额汉字大写］）。其价格确定方式为：××××××。

三、回购价款的支付

甲方应在本协议签署后的［具体时间，如 × 个工作日内］将回购价款全额支付给乙方。

支付方式：［具体支付方式，如银行转账、现金等］。

四、股权转让手续

乙方应在本协议签署后的［具体时间，如 × 个工作日内］完成股权转让手续，包括但不限于签署股权转让协议、交付股权证书等。

甲方应协助乙方完成股权转让的相关手续。

五、保证与承诺

乙方保证其持有的股权是真实存在的、无权利瑕疵的，并已经取得全部无限制的处分权。

乙方保证在本协议签署后不再行使与所转让股权相关的任何权利。

甲方保证按照本协议的约定支付回购价款，并承担因未按时支付而产

第八章　协议合同：揭秘协议书背后的控制权游戏

生的违约责任。

六、违约责任

如甲方未按时支付回购价款，则应每日按未支付金额的［　］%向乙方支付违约金。

如乙方未按时完成股权转让手续或违反本协议的其他约定，则应承担由此给甲方造成的损失。

七、争议解决

因本协议产生的或与本协议有关的任何争议，双方应首先通过友好协商解决；协商不成的，任何一方均有权向甲方所在地的人民法院提起诉讼。

八、其他

本协议自双方签署之日起生效。

本协议一式两份，甲、乙双方各执一份，具有同等法律效力。

甲方（公司）：［公司公章］

法定代表人/授权代表：［签字］

日期：［签署日期］

乙方（股东）：［签字］

日期：［签署日期］

请注意，以上模板仅供参考，具体条款和措辞应根据实际情况和双方的具体需求进行调整。

股权赠与协议：如何让渡股权才有效

股权赠与，即无偿股权转让，是指股东将自己的股权无偿交给他人，受让方无须支付对价。股权赠与作为股权变动的一种形式，其有效性对于赠与人、受赠人以及公司本身都具有十分重要的意义。因此，在进行股权赠与时应充分了解相关法律法规的要求，遵循合法程序进行，并对赠与股权的性质与权利义务有充分的了解，确保其的发生能平衡各方利益，不影响公司治理结构的稳定。

股权赠与协议的效力认定

股权赠与不是简单的"你送我收"，因涉及股权赠与后的行权问题，所以在实际执行中存在不少争议和纠纷。

某置业公司是一家投资公司旗下的子公司，2022年，投资公司与陶某签订股权转让协议，将其持有的置业公司10%的股份以0元的价格转让给陶某。双方还签订了一份补充协议，明确陶某自协议签署之日起成为置业公司股东，享有相应的股东权利，并约定在条件具备时办理股权变更登记手续。

然而，因情况变化，在2023年股权变更登记手续办理期间，投资公司发函给陶某，要求撤销赠与陶某的置业公司10%股权的行为。陶某因此提起诉讼，要求投资公司与置业公司继续执行股权转让协议，并继续办理股权变更登记等相关手续。

投资公司与置业公司方认为股权转让协议实为赠与合同，可以撤销。但法院认为：从协议名称与内容来看并无赠与之表述，但该次股权转让的转让款为0元；不过即使如此，也并不当然表示陶某是无偿取得涉案股权，即不能排除陶某以合同未明确的其他方式支付了对价。同时，受让股权并非意味着受让方资产的必然增加，相反与股权相关的企业经营还可能存在未来风险，受让方需承担相应责任，这也是受让方受让股权的对价。因此，无论从表面还是实质看，被告方认为该合同属于赠与合同的意见，均无法令人信服，其关于撤销赠与的函件亦不具备法律效力。

赠与合同原则上是属于实践性合同，赠与人在赠与财产转移之前可以撤销，但对于股权而言，需要办理登记等相关手续，如股权转让被认定为股权赠与，则赠与方依法享有撤销权。但司法审判实务中对于股权赠与的认定较为严格，即必须严格遵守赠与的无对价性，审查是否有赠与的真实意思表示，即使是附条件的赠与，所附条件也不应是受赠人接受赠与的对价，否则就不会被认定为赠与，从而否定赠与的撤销行为。

因此，法院判令被告方继续履行涉案股权转让协议，并继续办理股权变更相关登记手续。

股权赠与协议的拟定

要想股权赠与协议具备效力，那么在拟定协议条款时就要具备三个要素，具体如图8-6所示。

▶▶ 股权控制顶层设计

要素一
协议文本：合同名称与合同文本是否包含赠与记载，这对法院判断有直接影响

要素二
具体条款：协议中是否包含生效时间、违约责任这些赠与合同的基本条款

要素三
其他对价：是否存在金钱以外的股权对价，如人才引进、设定业绩条件

图8-6 股权赠与协议具备效力的三个要素

股权赠与协议模板

本协议由以下双方于 ____ 年 ____ 月 ____ 日签署：

赠与人（以下简称"甲方"）：

姓名/名称：_____

身份证号码/统一社会信用代码：_____

住址/注册地址：_____

受赠人（以下简称"乙方"）：

姓名/名称：_____

身份证号码/统一社会信用代码：_____

住址/注册地址：_____

鉴于甲方是 [公司名称]（以下简称"公司"）的合法股东，现甲方自愿将其持有的公司部分股权赠与乙方，乙方同意接受赠与。为明确双方的权利义务，特订立本协议如下：

一、赠与股权

甲方同意将其持有的公司 ____% 的股权（以下简称"赠与股权"）无偿赠与乙方。

赠与股权所对应的股东权利和义务一并赠与乙方。

二、生效时间

本协议自双方签字（或盖章）之日起生效。

三、赠与条件

乙方承诺在接受赠与股权后，将积极参与公司的经营管理，为公司的发展作出贡献。

乙方承诺遵守公司章程及相关法律法规，不从事损害公司利益的行为。

四、其他约定

若因赠与股权产生的任何争议，双方应友好协商解决；协商不成的，任何一方均有权向有管辖权的人民法院提起诉讼。

本协议一式两份，甲乙双方各执一份，具有同等法律效力。

五、违约责任

若甲方违反本协议约定，未将赠与股权过户给乙方，甲方应承担由此给乙方造成的一切损失。

若乙方违反本协议约定，从事损害公司利益的行为，甲方有权撤销赠与，并要求乙方承担由此给甲方造成的一切损失。

六、附则

本协议未尽事宜，可由双方另行协商并签订补充协议，补充协议与本协议具有同等法律效力。

甲方（签字/盖章）：_____

签订日期：____年____月____日

乙方（签字/盖章）：_____

签订日期：____年____月____日

请注意，此模板仅供参考，实际使用时应根据具体情况进行修改和完善。

第九章
权利博弈：公司控制权的争夺与制衡

在公司的运营过程中，控制权的争夺与制衡是股东之间永恒的话题。公司控制权不仅关系到公司的决策方向，还直接影响到股东的权益。因此，董事会席位、股东会决议、高层管理人员、董事长、法定代表人身份都是控制权博弈的关键点。

掌握董事会席位就是掌握控制权

董事会作为现代公司治理结构中的最高决策结构，直接关系到公司的战略方向、经营决策及风险控制。董事会多一席少一席，直接关系到控制权归属。因此，董事会往往被各大股东作为控制权必争之地。

董事会席位与控制权的关系

现代公司之所以看重董事会，并争夺董事会席位，是因为其与控制权息息相关，具体表现在以下几个方面：

第一，决策中心。这是决策权的重要载体，公司的所有决策均需要董事会通过并发出。

第二，信息优势。董事会可以接触到公司的核心信息与敏感数据，进入董事会就可以获取这些信息，进而在决策过程中占据主动地位。

第三，人事任免权。董事会拥有对高级管理人员的任免权，比如CEO、财务总监等管理职位，从而掌控公司的日常运营与管理。

第四，战略制定。董事会负责制定公司的长期发展战略，这是公司控制权在战略层面上的体现。通过制定和实施战略，董事会能够确保公司的发展方向符合股东的利益。

第五，风险管理。董事会有权对公司的经营进行风险管理，并对公司的内部管理制度进行监督，确保公司的稳健运营。

董事任职需符合法律规定

要成为董事会的董事，需符合《中华人民共和国公司法》的规定，这只是法律层面的基本要求，其他董事任职要求，可根据公司实际情况制定。

《中华人民共和国公司法（2023年修订）》第六十八条 有限责任公司董事会成员为三人以上，其成员中可以有公司职工代表。职工人数三百人以上的有限责任公司，除依法设监事会并有公司职工代表的外，其董事会成员中应当有公司职工代表。董事会中的职工代表由公司职工通过职工代表大会、职工大会或者其他形式民主选举产生。

董事会设董事长一人，可以设副董事长。董事长、副董事长的产生办法由公司章程规定。

第七十条 董事任期由公司章程规定，但每届任期不得超过三年。董事任期届满，连选可以连任。

董事任期届满未及时改选，或者董事在任期内辞任导致董事会成员低于法定人数的，在改选出的董事就任前，原董事仍应当依照法律、行政法规和公司章程的规定，履行董事职务。

董事辞任的，应当以书面形式通知公司，公司收到通知之日辞任生效，但存在前款规定情形的，董事应当继续履行职务。

掌握董事会席位的方法

《中华人民共和国公司法（2023年修订）》规定：董事会的议事方式和表决程序，除本法有规定的外，由公司章程规定。董事会会议应当有过半数的董事出席方可举行。董事会作出决议，应当经全体董事的过半数通过。董事会决议的表决，应当一人一票。董事会应当对所议事项的决定作成会议记录，出席会议的董事应当在会议记录上签名。也就是说，如果掌握过半数董事会席位，那么就可以掌握董事会决策权。掌握董事会席位的方法有三种，具体如图9-1所示。

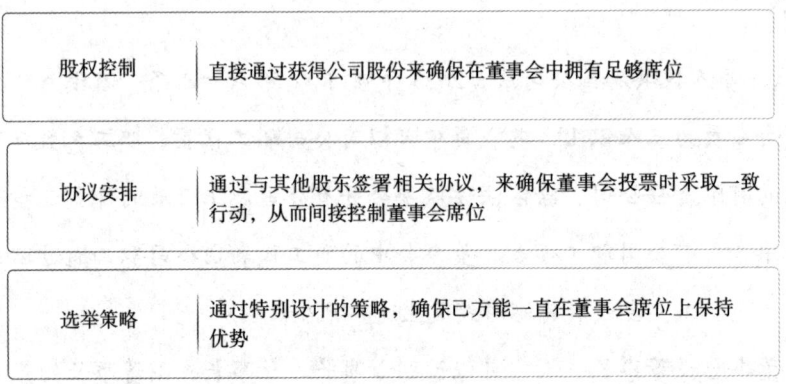

图9-1　掌握董事会席位的三种方法

某知名互联网企业通过合伙人制度的设计，保证了创始团队对董事会席位的控制权。

首先，合伙人拥有提名董事的资格。

其次，如果由合伙人提名或任命的董事在董事会中数量未过半，合伙人有权任命新的董事。

再次，若合伙人提名的新董事获得认可，那么有权任命临时董事，直至下一年度股东大会。

最后，在任何董事离职的情况下，合伙人都有权任命临时董事来填补空缺，直至下一年度的股东大会选出新的董事。

控制董事会席位的小技巧

创始人如果想全面控制董事会席位，除了需要考虑到上文所述的方法外，还可以运用一些小技巧，比如在公司章程中设定有关董事席位及任职

第九章　权利博弈：公司控制权的争夺与制衡

的条款（见图9-2）。

图9-2　借助公司章程控制董事会席位的五个小技巧

遵守股东会决议效力产生条件

股东会是公司的治理机构，也是公司内部的最高权力机构，通过会议决议的方式行使对公司经营管理的决策权。公司股东会决议的合理性、及时性、有效性，是公司长期、稳定经营的基础。因此，股东会也是各大股东争抢控制权最激烈的地方。创始人如果想保护自己的控制权，保证自己的股东会决议能通过，且顺利执行，除了获得大比例的表决权外，还需要遵守股东会决议效力产生的条件，来保证股东会决议的有效性。股东会决议是股东会就公司重大事项通过的议案。

股东会决议瑕疵的表现类型

针对股东会决议，我们需要关注其是否依法成立，以及是否因存在法定无效或可撤销的情形而影响其法律效力。

表现类型一：决议无效

《中华人民共和国公司法（2023年修订）》第二十五条　公司股东会、

董事会的决议内容违反法律、行政法规的无效。

表现类型二：决议可撤销

《中华人民共和国公司法（2023年修订）》第二十六条　公司股东会、董事会的会议召集程序、表决方式违反法律、行政法规或者公司章程，或者决议内容违反公司章程的，股东自决议作出之日起六十日内，可以请求人民法院撤销。但是，股东会、董事会的会议召集程序或者表决方式仅有轻微瑕疵，对决议未产生实质影响的除外。

未被通知参加股东会会议的股东自知道或者应当知道股东会决议作出之日起六十日内，可以请求人民法院撤销；自决议作出之日起一年内没有行使撤销权的，撤销权消灭。

表现类型三：决议不成立

《中华人民共和国公司法（2023年修订）》第二十七条　有下列情形之一的，公司股东会、董事会的决议不成立：

（一）未召开股东会、董事会会议作出决议；

（二）股东会、董事会会议未对决议事项进行表决；

（三）出席会议的人数或者所持表决权数未达到本法或者公司章程规定的人数或者所持表决权数；

（四）同意决议事项的人数或者所持表决权数未达到本法或者公司章程规定的人数或者所持表决权数。

股东会决议有效形成的方法

股东会在作出决议时，必须严格遵循法律、行政法规以及公司章程的相关规定，以确保决议的合法性和有效性。任何不符合这些规定的决议，都会影响其效力。

根据《中华人民共和国公司法（2023年修订）》对股东会决议的规定：

1. 召集及主持程序

有限责任公司：

第六十一条　首次股东会会议由出资最多的股东召集和主持，依照本法规定行使职权。

第六十二条　股东会会议分为定期会议和临时会议。

定期会议应当按照公司章程的规定按时召开。代表十分之一以上表决权的股东、三分之一以上的董事或者监事会提议召开临时会议的，应当召开临时会议。

第六十三条　股东会会议由董事会召集，董事长主持；董事长不能履行职务或者不履行职务的，由副董事长主持；副董事长不能履行职务或者不履行职务的，由过半数的董事共同推举一名董事主持。

董事会不能履行或者不履行召集股东会会议职责的，由监事会召集和主持；监事会不召集和主持的，代表十分之一以上表决权的股东可以自行召集和主持。

股份有限公司：

第一百一十三条　股东会应当每年召开一次年会。有下列情形之一的，应当在两个月内召开临时股东会会议：

（一）董事人数不足本法规定人数或者公司章程所定人数的三分之二时；

（二）公司未弥补的亏损达股本总额三分之一时；

（三）单独或者合计持有公司百分之十以上股份的股东请求时；

（四）董事会认为必要时；

（五）监事会提议召开时；

（六）公司章程规定的其他情形。

第一百一十四条　股东会会议由董事会召集，董事长主持；董事长不能履行职务或者不履行职务的，由副董事长主持；副董事长不能履行职务或者不履行职务的，由过半数的董事共同推举一名董事主持。

董事会不能履行或者不履行召集股东会会议职责的，监事会应当及时召集和主持；监事会不召集和主持的，连续九十日以上单独或者合计持有公司百分之十以上股份的股东可以自行召集和主持。

单独或者合计持有公司百分之十以上股份的股东请求召开临时股东会会议的，董事会、监事会应当在收到请求之日起十日内作出是否召开临时股东会会议的决定，并书面答复股东。

2.通知时间

有限责任公司：

第六十四条第一款　召开股东会会议，应当于会议召开十五日前通知全体股东；但是，公司章程另有规定或者全体股东另有约定的除外。

股份有限公司：

第一百一十五条　召开股东会会议，应当将会议召开的时间、地点和审议的事项于会议召开二十日前通知各股东；临时股东会会议应当于会议召开十五日前通知各股东。

单独或者合计持有公司百分之一以上股份的股东，可以在股东会会议召开十日前提出临时提案并书面提交董事会。临时提案应当有明确议题和具体决议事项。董事会应当在收到提案后二日内通知其他股东，并将该临时提案提交股东会审议；但临时提案违反法律、行政法规或者公司章程的规定，或者不属于股东会职权范围的除外。公司不得提高提出临时提案股东的持股比例。

公开发行股份的公司，应当以公告方式作出前两款规定的通知。

股东会不得对通知中未列明的事项作出决议。

3. 会议记录

有限责任公司：

第六十四条第二款　股东会应当对所议事项的决定作成会议记录，出席会议的股东应当在会议记录上签名或者盖章。

股份有限公司：

第一百一十九条　股东会应当对所议事项的决定作成会议记录，主持人、出席会议的董事应当在会议记录上签名。会议记录应当与出席股东的签名册及代理出席的委托书一并保存。

4. 表决程序

有限责任公司：

第六十五条　股东会会议由股东按照出资比例行使表决权；但是，公司章程另有规定的除外。

第六十六条　股东会的议事方式和表决程序，除本法有规定的外，由公司章程规定。

股东会作出决议，应当经代表过半数表决权的股东通过。

股东会作出修改公司章程、增加或者减少注册资本的决议，以及公司合并、分立、解散或者变更公司形式的决议，应当经代表三分之二以上表决权的股东通过。

股份有限公司：

第一百一十六条　股东出席股东会会议，所持每一股份有一表决权，类别股股东除外。公司持有的本公司股份没有表决权。

股东会作出决议，应当经出席会议的股东所持表决权过半数通过。

股东会作出修改公司章程、增加或者减少注册资本的决议，以及公司合并、分立、解散或者变更公司形式的决议，应当经出席会议的股东所持表决权的三分之二以上通过。

第一百一十七条　股东会选举董事、监事，可以按照公司章程的规定或者股东会的决议，实行累积投票制。

本法所称累积投票制，是指股东会选举董事或者监事时，每一股份拥有与应选董事或者监事人数相同的表决权，股东拥有的表决权可以集中使用。

第一百一十八条　股东委托代理人出席股东会会议的，应当明确代理人代理的事项、权限和期限；代理人应当向公司提交股东授权委托书，并在授权范围内行使表决权。

通过管理层收购控制公司

管理层收购（MBO），是指公司管理层人员通过对目标公司的股权进行收购，来达到控制公司的目的。管理层收购的目的是改变公司的所有权特点，收购方为公司管理层本身，而不是外部投资者，因而不仅能帮助公司稳定控制权，还能使管理层更直接地参与到公司的运营和决策中，从而实现公司的长期稳定发展。

比如国内互联网行业首个重大的MBO案例——新浪管理层收购。2009年9月28日，新浪公司宣布了一项重大股权交易："以曹国伟为首的新浪管理层，以1.8亿美元的价格收购了新浪560万普通股，成为新浪第一大股东。"也就是说，曹国伟等通过管理层收购，使自己成为新浪的实际控制人。

管理层收购的规定

如果要进行管理层收购，就需要对相关法律法规进行了解，避免因违规操作导致收购失败。

1. 收购程序要求

《上市公司收购管理办法（2020年修正）》第五十一条　上市公司董事、监事、高级管理人员、员工或者其所控制或者委托的法人或者其他组织，拟对本公司进行收购或者通过本办法第五章规定的方式取得本公司控制权（以下简称管理层收购）的，该上市公司应当具备健全且运行良好的组织机构以及有效的内部控制制度，公司董事会成员中独立董事的比例应当达到或者超过1/2。公司应当聘请符合《证券法》规定的资产评估机构提供公司资产评估报告，本次收购应当经董事会非关联董事作出决议，且取得2/3以上的独立董事同意后，提交公司股东大会审议，经出席股东大会的非关联股东所持表决权过半数通过。独立董事发表意见前，应当聘请独立财务顾问就本次收购出具专业意见，独立董事及独立财务顾问的意见应当一并予以公告。

2. 收购人要求

《上市公司收购管理办法（2020年修正）》第五十一条第二款　上市公司董事、监事、高级管理人员存在《公司法》第一百四十八条规定情形，或者最近3年有证券市场不良诚信记录的，不得收购本公司。

《中华人民共和国公司法（2023年修订）》第一百八十一条　董事、监事、高级管理人员不得有下列行为：

（一）侵占公司财产、挪用公司资金；

（二）将公司资金以其个人名义或者以其他个人名义开立账户存储；

（三）利用职权贿赂或者收受其他非法收入；

（四）接受他人与公司交易的佣金归为己有；

（五）擅自披露公司秘密；

（六）违反对公司忠实义务的其他行为。

管理层收购的条件

对于公司而言，管理层收购的最大吸引力在于能够明确公司的产权归属，实现经营者与所有者身份的统一。因此，管理层收购备受期待，许多公司都选择了这一模式。然而，值得注意的是，并非所有公司都适合进行管理层收购，它需要满足三个关键条件，具体如图9-3所示。

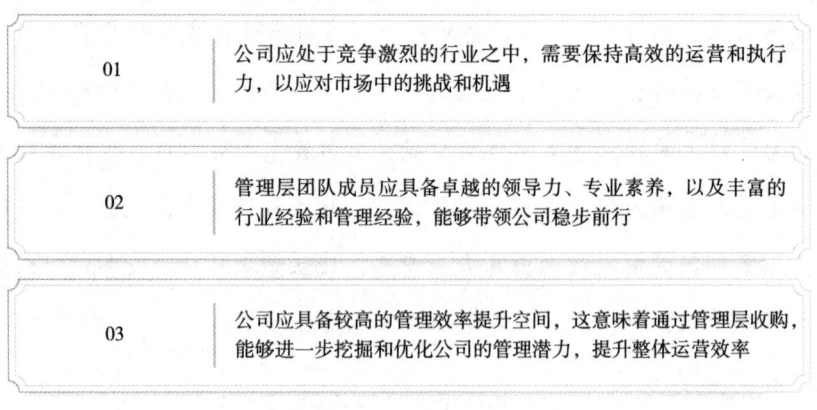

图9-3　管理层收购的三个关键条件

管理层收购的方式

根据《上市公司收购管理办法（2020年修正）》规定，管理层收购可以通过以下三种方式进行：

方式一：要约收购。投资者自愿选择以要约方式收购上市公司股份的，可以向被收购公司所有股东发出收购其所持有的全部股份的要约，也可以向被收购公司所有股东发出收购其所持有的部分股份的要约。收购人持有一个上市公司的股份达到该公司已发行股份的 30% 时，继续增持股份的，应当采取要约方式进行，发出全面要约或者部分要约。

方式二：协议收购。这是指收购人通过协议方式在一个上市公司中拥有权益股份。收购人拥有权益的股份达到该公司已发行股份的 30% 时，继续进行收购的，应当依法向该上市公司的股东发出全面要约或者部分要约。收购人拟通过协议方式收购一个上市公司的股份超过 30% 的，超过 30% 的部分，应当改为以要约方式进行。符合《上市公司收购管理办法（2020 年修正）》第六十三条的，可以免予发出要约。

方式三：间接收购。这是指收购人虽不是上市公司的股东，但通过投资关系、协议、其他安排导致其拥有上市公司股份。其股份达到或者超过一个上市公司已发行股份的 5% 未超过 30% 的，应当按照《上市公司收购管理办法（2020 年修正）》第二章的规定办理。

董事长与公司控制力

作为在国内享有盛誉的综合性大型企业，A 公司涉及多个行业，公司价值不言而喻。而随着公司的快速发展，公司内部高级管理层的权力争夺也日趋激烈，尤其是董事长这一核心职位，更是成为各方势力争夺的焦点。

张某是公司现任董事长，李某是公司副董事长。李某凭借出色的工作能力，获得了部分股东及高管的支持，开始挑战张某的董事长地位。

在一次公司内部会议上，李某公开表达了对张某管理能力的质疑，并提出自己应该担任董事长的理由。这一举动引发了公司内部的轩然大波。

随着争夺战的升级，公司内部逐渐形成了两个阵营，张、李双方展开了激烈的权力争夺。但董事长争夺带来的负面影响也越发明显，在一次重要项目的决策过程中，张某和李某产生了严重分歧，且无法达成共识，导致项目进展受阻，公司遭受巨大损失。这一事件过后，无论张某还是李某，两人都与董事长之位无缘了，被股东联名投票踢出了董事会。

现实中，这种高级管理层权力争夺的案例不在少数。董事长作为公司的最高决策者和领导者，其职位与公司控制权之间有着紧密又微妙的关系。坐上董事长的位置，往往意味着在某种程度上掌握了公司的核心权力和发展方向。因为董事长拥有董事会会议主持权、重大事项决策权以及公司战略方向制定权。正是这些权力，让董事长这个职位成为公司治理中最核心的职位，但同时也让这个职位陷入了"控制权争夺风险"。

董事长的具体权力

权力一：召集并主持股东大会，确保股东权益得到充分保障，同时传达股东会决议。

权力二：召集董事会成员、主持董事会会议，保证能够高效决策或执行公司重要事务。

权力三：组织董事会成员讨论并制订公司的战略发展计划，为公司的持续发展指明方向。

权力四：审议公司日常经营中的重大事项，如投资决策、并购计划。

权力五：检查董事会决议实施情况，并向董事会报告实施进展，确保决议得到有效执行。

权力六：提名与解聘公司高层管理人员，确保公司团队具备高效执行公司战略的能力。

权力七：审阅公司重要报表；了解公司财务情况，确保公司财务文件真实、安全。

权力八：代表公司签署对外重要经济合同，确保公司业务顺利进行。

董事长的产生办法

《中华人民共和国公司法（2023年修订）》第六十八条　有限责任公司董事会成员为三人以上，其成员中可以有公司职工代表。职工人数三百人以上的有限责任公司，除依法设监事会并有公司职工代表的外，其董事会成员中应当有公司职工代表。董事会中的职工代表由公司职工通过职工代表大会、职工大会或者其他形式民主选举产生。

董事会设董事长一人，可以设副董事长。董事长、副董事长的产生办法由公司章程规定。

第一百二十一条　股份有限公司可以按照公司章程的规定在董事会中设置由董事组成的审计委员会，行使本法规定的监事会的职权，不设监事会或者监事。

审计委员会成员为三名以上，过半数成员不得在公司担任除董事以外的其他职务，且不得与公司存在任何可能影响其独立客观判断的关系。公司董事会成员中的职工代表可以成为审计委员会成员。

审计委员会作出决议，应当经审计委员会成员的过半数通过。

审计委员会决议的表决，应当一人一票。

审计委员会的议事方式和表决程序，除本法有规定的外，由公司章程规定。

公司可以按照公司章程的规定在董事会中设置其他委员会。

第一百二十二条　董事会设董事长一人，可以设副董事长。董事长和副董事长由董事会以全体董事的过半数选举产生。

也就是说，有限责任公司的董事长的产生可以由公司自己决定。如此，创始人就可以利用公司章程将董事长之位掌控在自己手中了。比如直接在公司章程中规定："董事长由大股东委派的董事担任，或是直接将董事长名字写入章程中。"

对于股份有限公司来说，可以在不违反公司法的情况下，对董事长的任职资格提出要求，例如在本公司持股10%，全职担任董事或高级管理人员N年。

可参考如下案例的董事长产生办法：

《中兴通讯股份有限公司章程》（2017年6月）第二百一十五条　董事长、副董事长由全体董事的过半数选举和罢免，董事长必须从担任公司董事或高级管理人员三年以上的人士中产生。

《平安银行股份有限公司章程》（2014年8月）第一百二十五条　董事会董事长和副董事长（如设）由董事会以全体董事过半数选举产生。

《方大集团股份有限公司章程》（2016年9月）第一百四十九条　董事会设董事长1人，董事长由董事会以全体董事的过半数选举产生和罢免。

换法定代表人就是换公司控制权

在公司控制权的争夺中，必须牢牢控制公司法定代表人人选。法定代表人职位是公司控制权争夺中最重要的环节之一。作为公司对外的法定代表人，其身份和职责与公司控制权的行使有着密不可分的关系。法定代表人是指按照法律或法人组织章程规定，代表法人行使职权的负责人。

公司法对法定代表人的规定

鉴于法定代表人在公司治理中的重要性,《中华人民共和国公司法（2023年修订）》对法定代表人作了如下规定：

第十条 公司的法定代表人按照公司章程的规定，由代表公司执行公司事务的董事或者经理担任。

担任法定代表人的董事或者经理辞任的，视为同时辞去法定代表人。

法定代表人辞任的，公司应当在法定代表人辞任之日起三十日内确定新的法定代表人。

第十一条 法定代表人以公司名义从事的民事活动，其法律后果由公司承受。

公司章程或者股东会对法定代表人职权的限制，不得对抗善意相对人。

法定代表人因执行职务造成他人损害的，由公司承担民事责任。公司承担民事责任后，依照法律或者公司章程的规定，可以向有过错的法定代表人追偿。

法定代表人的职权

法定代表人的具体职权如下：

职权一：对外代表公司的权利，如代表公司办理公司重大事项。

职权二：代表公司签订合同的权利，法定代表人签字一般是合同的生效条件。

职权三：发行公司债券、股票的权利，在这个过程中必须由法定代表人签名，公司盖章。

职权四：管理和监督公司日常运营，包含公司经营策略、公司资产和负债、公司财产情况。

职权五：代表公司参与诉讼，其诉讼行为直接对法人发生法律效力。

如何牢牢把握住法定代表人一职

如果创始人想通过法定代表人一职来加固自己的公司控制权，可以参考以下方法：

（1）在公司成立伊始就选择自己的代理人或自己担任法定代表人；

（2）在公司章程中限定法定代表人的任职资格、选举程序和标准；

（3）直接将选定的法定代表人姓名写入公司章程。

《企业法人法定代表人登记管理规定》有下列情形之一的企业法定代表人，企业登记机关不予登记，不得担任企业法定代表人：

（1）无民事行为能力或者限制民事行为能力的人；

（2）正在被执行刑法或者被执行刑事强制措施的人；

（3）正在被公安机关或者国家安全机关通缉的人；

（4）因犯有贪污罪、贿赂罪、侵犯财产罪或者是破坏社会主义市场经济秩序罪，被判处刑罚，执行期满未逾五年的人；

（5）因犯有第（四）项规定以外的其他罪，被判处刑罚，执行期满未满三年的人；

（6）因犯罪被剥夺政治权利，执行期满未满五年的人；

（7）担任因经营不善破产清算企业的法定代表人或者董事长、经理，并对该企业的破产负有个人责任，自该企业破产清算完结之日起未逾三年的人；

（8）担任违法被吊销营业执照的企业的法定代表人，并对该企业的违法行为负有个人责任，自该企业被吊销营业执照之日起未逾三年的人；

（9）个人负债数额较大，到期未清偿的人；

（10）符合法律和国务院规定的不能担任企业法定代表人的人。

因此，除了遵循相关法律规定外，还可以在公司章程中对法定代表人的任职资格作出明确规定。

比如以下某公司章程关于法定代表人的条款：

（1）董事长／执行董事或者总经理为公司的法定代表人。

（2）法定代表人缺位的替补。董事长不能履行职务时，由公司副董事长承担法定代表人职责；副董事长不能履行法定代表人职务时，由总经理承担法定代表人职责；总经理不能履行法定代表人职务时，由董事会指派董事履行法定代表人职责。

（3）法定代表人的任免。法定代表人由公司董事会／股东会任命及解除，董事会／股东会可以随时解除法定代表人的职务。一切与本条款相反的规定均视为未作订立。

如何更换法定代表人

在公司治理中，当遇到公司证照被他人掌控而无法变更法人问题时，该如何处理？可参照图9-4所示步骤。

01
召开股东大会，并形成股东会决议，其决议内容为："更换执行董事及法定代表人。"

02
要求原法定代表人配合公司完成工商登记。如对方拒不配合，可将其诉至法院，提起变更公司登记诉讼

03
提出诉讼请求要求返还公司的营业证照、公章

图9-4　更换法定代表人的三个步骤

2008年，北京某煤炭筛选有限公司成立。股东为孟某及A公司（法定代表人曹某）。2013年，A公司将持有的该煤炭筛选公司股权转让给范某、崔某、张某、李某四人，并完成工商登记。尽管股权已转让，但A公

司仍控制着煤炭筛选公司的营业执照与公章。

  2014年，煤炭筛选公司的五名股东召开股东会议，更换孟某为新的执行董事与法定代表人。但在办理工商登记变更时，A公司拒绝配合提供公章与营业执照。于是五位股东将A公司诉至法院，请求股东会决议有效，要求A公司配合办理变更工商登记，将执行董事、法定代表人由曹某变更为孟某，同时要求对方返还公司相关证照。法院审理后判定，股东会决议在公司内部已产生效力，无须法院确认其有效性；因缺少必要文件导致无法变更登记，令A公司返还相关证照，并配合完成工商登记。

附录：
《中华人民共和国公司法（2023年修订）》20问

1. 公司股东过度支配与控制法人权利怎么办？

答：可按照《中华人民共和国公司法（2023年修订）》规定处理：

第二十一条　公司股东应当遵守法律、行政法规和公司章程，依法行使股东权利，不得滥用股东权利损害公司或者其他股东的利益。公司股东滥用股东权利给公司或者其他股东造成损失的，应当承担赔偿责任。

第二十二条　公司的控股股东、实际控制人、董事、监事、高级管理人员不得利用关联关系损害公司利益。

违反前款规定，给公司造成损失的，应当承担赔偿责任。

第二十三条　公司股东滥用公司法人独立地位和股东有限责任，逃避债务，严重损害公司债权人利益的，应当对公司债务承担连带责任。

股东利用其控制的两个以上公司实施前款规定行为的，各公司应当对任一公司的债务承担连带责任。

只有一个股东的公司，股东不能证明公司财产独立于股东自己的财产的，应当对公司债务承担连带责任。

2. 电子化的股东召集、表决程序有效吗？

答：根据《中华人民共和国公司法（2023年修订）》第二十四条的规定是有效的：

第二十四条　公司股东会、董事会、监事会召开会议和表决可以采用电子通信方式，公司章程另有规定的除外。

3. 未被通知股东可撤销股东会决议吗？

答：按照《中华人民共和国公司法（2023年修订）》第二十六条规定可撤销。

第二十六条 公司股东会、董事会的会议召集程序、表决方式违反法律、行政法规或者公司章程，或者决议内容违反公司章程的，股东自决议作出之日起六十日内，可以请求人民法院撤销。但是，股东会、董事会的会议召集程序或者表决方式仅有轻微瑕疵，对决议未产生实质影响的除外。

未被通知参加股东会会议的股东自知道或者应当知道股东会决议作出之日起六十日内，可以请求人民法院撤销；自决议作出之日起一年内没有行使撤销权的，撤销权消灭。

4. 控股股东损害其他股东利益可以要求公司回购股权吗？

答：可以。

《中华人民共和国公司法（2023年修订）》第八十九条第三款 公司的控股股东滥用股东权利，严重损害公司或者其他股东利益的，其他股东有权请求公司按照合理的价格收购其股权。

5. 哪些事项可以是公司章程必须记载的？

答：根据《中华人民共和国公司法（2023年修订）》规定，公司章程必须记载的内容如下：

第四十五条 设立有限责任公司，应当由股东共同制定公司章程。

第四十六条 有限责任公司章程应当载明下列事项：

（一）公司名称和住所；

（二）公司经营范围；

（三）公司注册资本；

（四）股东的姓名或者名称；

（五）股东的出资额、出资方式和出资日期；

（六）公司的机构及其产生办法、职权、议事规则；

（七）公司法定代表人的产生、变更办法；

（八）股东会认为需要规定的其他事项。

股东应当在公司章程上签名或者盖章。

第九十四条　设立股份有限公司，应当由发起人共同制订公司章程。

第九十五条　股份有限公司章程应当载明下列事项：

（一）公司名称和住所；

（二）公司经营范围；

（三）公司设立方式；

（四）公司注册资本、已发行的股份数和设立时发行的股份数，面额股的每股金额；

（五）发行类别股的，每一类别股的股份数及其权利和义务；

（六）发起人的姓名或者名称、认购的股份数、出资方式；

（七）董事会的组成、职权和议事规则；

（八）公司法定代表人的产生、变更办法；

（九）监事会的组成、职权和议事规则；

（十）公司利润分配办法；

（十一）公司的解散事由与清算办法；

（十二）公司的通知和公告办法；

（十三）股东会认为需要规定的其他事项。

6. 有限责任公司章程中可以规定"同股不同权"吗？

答：可以。对于有限责任公司来说，因为其人合兼资合的特点，故《中华人民共和国公司法（2023年修订）》允许公司章程约定"同股不同权"。

第六十五条　股东会会议由股东按照出资比例行使表决权；但是，公司章程另有规定的除外。

7. 大股东能否随意缩短出资期限？

答：不可以。

《中华人民共和国公司法（2023年修订）》第四十七条第一款　有限责任公司的注册资本为在公司登记机关登记的全体股东认缴的出资额。全体股东认缴的出资额由股东按照公司章程的规定自公司成立之日起五年内缴足。

8. 股东分红权能否单独转让？

答：可以。《中华人民共和国公司法（2023年修订）》并未对股权中的部分权利转让作出禁止性规定。所有权人对自己的不动产或者动产，依法享有占有、使用、收益及处分的权利。

第五十六条　有限责任公司应当置备股东名册，记载下列事项：

（一）股东的姓名或者名称及住所；

（二）股东认缴和实缴的出资额、出资方式和出资日期；

（三）出资证明书编号；

（四）取得和丧失股东资格的日期。

记载于股东名册的股东，可以依股东名册主张行使股东权利。

9. 股份限售期内，签订的股份转让协议有效吗？

答：无效。

《中华人民共和国公司法（2023年修订）》第一百六十条　公司公开发

行股份前已发行的股份，自公司股票在证券交易所上市交易之日起一年内不得转让。法律、行政法规或者国务院证券监督管理机构对上市公司的股东、实际控制人转让其所持有的本公司股份另有规定的，从其规定。

公司董事、监事、高级管理人员应当向公司申报所持有的本公司的股份及其变动情况，在就任时确定的任职期间每年转让的股份不得超过其所持有本公司股份总数的百分之二十五；所持本公司股份自公司股票上市交易之日起一年内不得转让。上述人员离职后半年内，不得转让其所持有的本公司股份。

公司章程可以对公司董事、监事、高级管理人员转让其所持有的本公司股份作出其他限制性规定。

股份在法律、行政法规规定的限制转让期限内出质的，质权人不得在限制转让期限内行使质权。

10. 非货币出资的形式都有哪些？

答：《中华人民共和国公司法（2023年修订）》第四十八条第一款　股东可以用货币出资，也可以用实物、知识产权、土地使用权、股权、债权等可以用货币估价并可以依法转让的非货币财产作价出资；但是，法律、行政法规规定不得作为出资的财产除外。

11. 股东出资不足需承担哪些责任？

答：根据《中华人民共和国公司法（2023年修订）》规定，股东出资不足需承担以下责任：

1.对公司损失承担赔偿责任。第四十九条第三款　股东未按期足额缴纳出资的，除应当向公司足额缴纳外，还应当对给公司造成的损失承担赔偿责任。

2. 在出资不足范围内承担连带责任。第五十条 有限责任公司设立时，股东未按照公司章程规定实际缴纳出资，或者实际出资的非货币财产的实际价额显著低于所认缴的出资额的，设立时的其他股东与该股东在出资不足的范围内承担连带责任。

3. 失去未缴纳出资的股权。第五十二条 股东未按照公司章程规定的出资日期缴纳出资，公司依照前条第一款规定发出书面催缴书催缴出资的，可以载明缴纳出资的宽限期；宽限期自公司发出催缴书之日起，不得少于六十日。宽限期届满，股东仍未履行出资义务的，公司经董事会决议可以向该股东发出失权通知，通知应当以书面形式发出。自通知发出之日起，该股东丧失其未缴纳出资的股权。

依照前款规定丧失的股权应当依法转让，或者相应减少注册资本并注销该股权；六个月内未转让或者注销的，由公司其他股东按照其出资比例足额缴纳相应出资。

股东对失权有异议的，应当自接到失权通知之日起三十日内，向人民法院提起诉讼。

12. 公司可以不设监事会吗？

答：可以，有限责任公司与股份有限公司均可不设立监事会。

《中华人民共和国公司法（2023年修订）》第七十五条 规模较小或者股东人数较少的有限责任公司，可以不设董事会，设一名董事，行使本法规定的董事会的职权。该董事可以兼任公司经理。

第一百二十八条 规模较小或者股东人数较少的股份有限公司，可以不设董事会，设一名董事，行使本法规定的董事会的职权。该董事可以兼任公司经理。

13. 注册资本"五年实缴",以前未实缴的公司怎么办?

答:对此,《中华人民共和国公司法(2023年修订)》作出了相应规定:

第四十七条第一款　有限责任公司的注册资本为在公司登记机关登记的全体股东认缴的出资额。全体股东认缴的出资额由股东按照公司章程的规定自公司成立之日起五年内缴足。

第二百六十六条第二款　本法施行前已登记设立的公司,出资期限超过本法规定的期限的,除法律、行政法规或者国务院另有规定外,应当逐步调整至本法规定的期限以内;对于出资期限、出资额明显异常的,公司登记机关可以依法要求其及时调整。具体实施办法由国务院规定。

14. 股东的查阅权都包括哪些?

答:《中华人民共和国公司法(2023年修订)》对有限责任公司、股份有限公司股东查阅权范围分别规定如下:

第五十七条　股东有权查阅、复制公司章程、股东名册、股东会会议记录、董事会会议决议、监事会会议决议和财务会计报告。

股东可以要求查阅公司会计账簿、会计凭证。股东要求查阅公司会计账簿、会计凭证的,应当向公司提出书面请求,说明目的。公司有合理根据认为股东查阅会计账簿、会计凭证有不正当目的,可能损害公司合法利益的,可以拒绝提供查阅,并应当自股东提出书面请求之日起十五日内书面答复股东并说明理由。公司拒绝提供查阅的,股东可以向人民法院提起诉讼。

股东查阅前款规定的材料，可以委托会计师事务所、律师事务所等中介机构进行。

股东及其委托的会计师事务所、律师事务所等中介机构查阅、复制有关材料，应当遵守有关保护国家秘密、商业秘密、个人隐私、个人信息等法律、行政法规的规定。

股东要求查阅、复制公司全资子公司相关材料的，适用前四款的规定。

第一百一十条 股东有权查阅、复制公司章程、股东名册、股东会会议记录、董事会会议决议、监事会会议决议、财务会计报告，对公司的经营提出建议或者质询。

连续一百八十日以上单独或者合计持有公司百分之三以上股份的股东要求查阅公司的会计账簿、会计凭证的，适用本法第五十七条第二款、第三款、第四款的规定。公司章程对持股比例有较低规定的，从其规定。

股东要求查阅、复制公司全资子公司相关材料的，适用前两款的规定。

上市公司股东查阅、复制相关材料的，应当遵守《中华人民共和国证券法》等法律、行政法规的规定。

15. 董事对股东出资有义务责任吗？

答：有。《中华人民共和国公司法（2023年修订）》作出了相应规定：

第五十一条 有限责任公司成立后，董事会应当对股东的出资情况进行核查，发现股东未按期足额缴纳公司章程规定的出资的，应当由公司向该股东发出书面催缴书，催缴出资。

未及时履行前款规定的义务，给公司造成损失的，负有责任的董事应当承担赔偿责任。

16. 上市公司控股子公司可以获得上市公司股份吗？

答：不可以。《中华人民共和国公司法（2023年修订）》作出了相应规定：

第一百四十一条　上市公司控股子公司不得取得该上市公司的股份。

上市公司控股子公司因公司合并、质权行使等原因持有上市公司股份的，不得行使所持股份对应的表决权，并应当及时处分相关上市公司股份。

17. 关联交易限制都包括哪些？

答：《中华人民共和国公司法（2023年修订）》给出了关联交易限制包括的内容：

第一百八十二条　董事、监事、高级管理人员，直接或者间接与本公司订立合同或者进行交易，应当就与订立合同或者进行交易有关的事项向董事会或者股东会报告，并按照公司章程的规定经董事会或者股东会决议通过。

董事、监事、高级管理人员的近亲属，董事、监事、高级管理人员或者其近亲属直接或者间接控制的企业，以及与董事、监事、高级管理人员有其他关联关系的关联人，与公司订立合同或者进行交易，适用前款规定。

18. 公司合并还需要经过股东会决议吗？

答：不一定，但根据《中华人民共和国公司法（2023年修订）》，达到一定条件可以采取简易合并：

第二百一十九条　公司与其持股百分之九十以上的公司合并，被合并的公司不需经股东会决议，但应当通知其他股东，其他股东有权请求公司按照合理的价格收购其股权或者股份。

公司合并支付的价款不超过本公司净资产百分之十的，可以不经股东会决议；但是，公司章程另有规定的除外。

公司依照前两款规定合并不经股东会决议的，应当经董事会决议。

19. 股东会一般决议要求多少表决权？

答：一般决议过半数表决权，重大事项三分之二以上表决权。

根据《中华人民共和国公司法（2023年修订）》第六十六条第二、第三款规定：股东会作出决议，应当经代表过半数表决权的股东通过。

股东会作出修改公司章程、增加或者减少注册资本的决议，以及公司合并、分立、解散或者变更公司形式的决议，应当经代表三分之二以上表决权的股东通过。

20. 董事会决议要求多少票数？

答：董事会决议采取一人一票制度。根据《中华人民共和国公司法（2023年修订）》规定，董事会作出决议，应当经全体董事的过半数通过。